LANZAR UNA NUEVA COMUNIDAD DE ADORACIÓN

Una guía práctica para la década de 2020

Paul Nixon

y

Craig Gilbert

DISCIPLESHIP
RESOURCES
NASHVILLE

ÍNDICE

AGRADECIMIENTOS

Paul

Mi vida como consejero ministerial es un río serpenteante de conversaciones con líderes de primera línea de la iglesia. Una idea planteada por un líder británico a las 6:00 de la mañana inspirará una conversación vespertina con alguien de California. Sin estas personas maravillosas —cientos de ellas durante las últimas dos décadas–, no podría empezar a ver el panorama general de las tendencias y los cambios de paradigma que se están produciendo a nivel mundial. Así que quiero dar las gracias a todos mis líderes, que son mis ojos y mis oídos en diversos contextos culturales.

Craig

Se lo debo todo a mi esposa, Catherine, que me ha apoyado y animado desde el principio. Su inteligencia, su sentido común y su amor permanente me hacen mejor de lo que podría ser por mí mismo. Gracias a mi hija, Elizabeth, cuya perspicacia, amor a los demás y profundo amor a

Dios me inspiran en mi camino diario. Gracias a mi hijo, Austin, por los muchos años de trabajo a mi lado, como mi compañero en el ministerio mientras desarrollaba su propio camino para servir a Dios.

Gracias a mis padres, Kenneth y Carolyn, por poner una base sólida de fe sobre la que pude construir y por estar siempre ahí para orar en cada situación. A mi hermana, Candice, que sé que me mantiene en oración. También tengo una deuda eterna de gratitud con mis abuelos, J. D. y Dotty, cuyo ejemplo me esfuerzo por seguir cada día.

Estoy agradecido con todas las iglesias, pastores/as, líderes y músicos/as con los que he servido. Gracias a los líderes de la Conferencia Anual de Texas por permitirme compartir mis esfuerzos en el diseño y la renovación del culto. También agradezco a la facultad del Instituto Robert E. Webber de Estudios de Culto por guiarme a este mundo increíble del culto.

Por último, gracias a mi coautor, Paul Nixon. Creyó en mí lo suficiente como para invitarme a trabajar con él en el ministerio. Siempre estaré siempre agradecido por ese apoyo.

ORIENTACIÓN

Paul Nixon

Hace tiempo, en otro milenio, serví en una iglesia con tres servicios de culto consecutivos los domingos por la mañana. Estos servicios eran más o menos idénticos, excepto por la calidad desigual de la música de uno a otro[1]. El menos desarrollado de los tres era el servicio de las 9:30 de la mañana. Nos convencimos de que, si este servicio podía ser reimaginado y reintroducido en nuestra comunidad, podríamos llenar la iglesia a rebosar a esta hora de la mañana. Estudiamos a los pioneros del culto de aquella época. Hicimos encuestas, tanto a los fieles de nuestra iglesia como al público en general. Estaba claro que, para ser eficaces, se requerían cambios significativos: un cambio de liderazgo musical, dejar las vestimentas del clero, la incorporación de un grupo de teatro, nuevas estrategias para crear hospitalidad y comunidad, y un replanteamiento de la forma en que invitamos a la gente a expresar su compromiso. La visión y el contenido del nuevo servicio quedaron claros, pero el reto de organizarlo todo parecía abrumador: formar los equipos, darlo a conocer y encontrar personas para llenar la iglesia.

Afortunadamente, encontré un libro de Charles Arn titulado *How to Start a New Worship Service* (*Cómo iniciar un nuevo servicio de adoración*)[2].

Arn ofreció una agenda concisa de lo que hay que hacer para conseguir lanzar un nuevo servicio de culto en los Estados Unidos de los noventa. Utilizando ese libro, creamos un calendario de acción para un nuevo servicio de las 9:30 de la mañana.

Trabajamos nuestro plan, lo lanzamos, seguimos experimentando con nuevos elementos y luego volvimos atrás, para probarlos de nuevo, creando una sensación de experimentación e innovación que dio energía y expectación a esta comunidad de culto.

La sala de culto empezó a llenarse tanto que la gente participaba desde el balcón. Más gente se acercó a la fe. La asistencia al culto aumentó. Y en los años siguientes, con la misma guía de ruta básica, nuestra iglesia lanzó nuevos servicios adicionales y se expandió a tres sedes, llegando a más de 1.000 personas cada domingo.

Cuando mi trabajo cambió a la consultoría y el acompañamiento, a principios de este siglo, **mi principal sugerencia para la renovación de la iglesia fue que las iglesias lanzaran nuevas reuniones de culto, diseñadas con la mayor audacia posible, con (y para) gente nueva**. Esto condujo a cuatro años consecutivos de crecimiento positivo en nuestra región religiosa, tras dos décadas de descenso numérico colectivo[3]. La mayoría de nuestras comunidades de culto, existentes, desde hace tiempo, continuaban envejeciendo y reduciéndose lenta y constantemente; pero al añadir nuevas comunidades (normalmente bajo el paraguas de las congregaciones existentes), pudimos contrarrestar las pérdidas y encontrar un aumento de los feligreses colectivamente.

Muchas de esas comunidades nuevas de culto, plantadas hace veinte años, se han estancado o han caído en declive. Incluso las iglesias que estaban prosperando hasta el primer trimestre de 2020 (antes de la pandemia del COVID-19), están ahora luchando por mantenerse a flote. Un nuevo momento ministerial nos saluda, con sensibilidades y hábitos de vida radicalmente cambiantes, en casi todos los códigos postales.

En una época en la que la religión organizada se asocia a menudo con el pensamiento anticuado, una gran parte de la población del mundo anglosajón ha renunciado a la iglesia. Está más allá de su imaginación el hecho de que antes de que la iglesia pueda ofrecer algo bueno y relevante para ellos. Por eso, ahora se requiere más trabajo con la comunidad para construir relaciones comunitarias y cultivar la confianza antes de que la gente se comprometa con nosotros. En el mundo actual, las comunidades de culto nuevas e innovadoras son más necesarias que nunca; sin embargo, el trabajo puede ser duro.

La pandemia del COVID-19 llevó a las iglesias de todo el mundo a poner en línea sus experiencias de culto. Se produjo una explosión de pruebas y errores a nivel mundial. Los resultados iniciales fueron variados, pero muchas iglesias pronto informaron que habían experimentado un aumento significativo de la participación[4] semanal de 30 minutos o más, en comparación con la participación anterior a la pandemia. Sin embargo, la novedad del culto digital acabó desapareciendo. El compromiso se disipó en cierta forma a medida que transcurrían los meses de la pandemia y se producía la fatiga de la pantalla. Además, el impacto de una gran reunión digital es muy diferente al de una sala real llena de personas y energía. Las distracciones potenciales de una experiencia de culto digital en un lugar de la casa parecen ilimitadas.

A medida que nos adentramos en esta década, muchas reuniones de culto en vivo y en directo cada vez van más acompañadas de una reunión digital. Está claro que seguir una hoja de ruta de los años noventa no será suficiente para ayudarnos a plantar eficazmente una nueva comunidad de culto en los próximos años.

Cada año, las organizaciones de las que formo parte ayudan a decenas de iglesias a poner en marcha nuevas comunidades de culto[5]. Esta labor aumenta constantemente. La variedad de estilos y lugares de culto se ha disparado. El tamaño típico de las reuniones de hoy en día, es más pequeño de lo que habríamos visto con la misma cantidad de trabajo hace 20 años. Hace dos décadas, en Estados Unidos, a menudo trabajábamos para conseguir que más 125 personas estuvieran preparadas para lanzar una nueva comunidad de culto, sabiendo que la dinámica de la gente en un lanzamiento grande sería tal que la comunidad podría crecer mucho más allá de 125 miembros. Esto todavía es posible en algunos lugares. **Pero en muchas comunidades, si esperamos contar con 125 personas antes de lanzarla, simplemente no la lanzaríamos nunca.** Por ello, ahora nos centramos en cómo lanzar comunidades pequeñas que puedan echar raíces, crecer y multiplicarse con el tiempo. Y si hacemos primero un lanzamiento en línea y luego pasamos a ofrecer una sede física de la reunión en persona, casi no se requiere un número mínimo de fieles para empezar.

Las mejores prácticas en la plantación de iglesias están cambiando radicalmente. Con las alteraciones sociales de 2020 y 2021, es casi como si ahora estuviéramos despertando al año 2030. El ritmo del cambio social se ha acelerado tanto, que parece como si hubiéramos sido lanzados 10 años hacia nuestro futuro. Incluso los jóvenes pueden estar sintiendo un grado de desorientación similar al de Rumpelstiltskin.

¡De ahí, este libro!

Puede que usted esté plantando una iglesia, en la que pronto se lanzará una primera comunidad de culto. O puede que esté tratando de renovar una iglesia lanzando una comunidad nueva de oración con los servicios de culto más establecidos. O tal vez, esté pensando en un modelo de iglesia nuevo. En cualquier caso, necesitará una visión clara —y, con ella, un mapa nuevo de ruta— para entrelazar todas las tareas críticas en un plan.

Este libro debería ayudarle a diseñar su mapa de ruta para lanzar una comunidad de culto nueva, teniendo en cuenta los retos de la década de 2020 y más allá. El libro está organizado en 32 capítulos concisos, escritos por 16 personas diferentes. En algunos lugares, puede detectar un cierto eco o redundancia de ideas entre los capítulos. Si se encuentra con la misma idea expuesta de tres maneras diferentes por tres autores distintos, ¡tome nota! Lo más probable es que esa idea repetida sea algo que requiera seriamente su consideración. Solo unas pocas personas de su equipo de lanzamiento necesitarán leer todos los capítulos; en muchos casos, un líder/lector podría simplemente centrarse en aquellos capítulos particulares más relevantes para su parte del proyecto[6].

En el índice, Craig Gilbert y yo hemos indicado los capítulos que consideramos de máxima relevancia para todos los miembros del equipo, colocándolos en **negrita.**

Casi dos tercios de los capítulos de este libro han sido escritos por Craig Gilbert y por mí, y el resto ha sido aportado por miembros y amigos del grupo central, cada uno de los cuales fue invitado a participar en este proyecto por su particular ingenio ministerial. A lo largo de estos capítulos se encontrarán con una gran variedad de perspectivas. No todo lo que lea puede encajar en la conversación de tu equipo. Utilice lo que le sea necesario y deseche lo que no le sea pertinente. **Le sugiero que tenga a mano notas adhesivas o un rotulador para que, a medida que lea este libro, pueda marcar cualquier página en la que se trate un tema o una idea que le gustaría incluir en el calendario de desarrollo del ministerio de su nueva comunidad de culto.** Escriba en la nota adhesiva el tipo de idea o acción en particular que le es útil. Cuando termine de leer, puede usar las notas adhesivas para comenzar a crear su línea de tiempo de acción en una hoja de papel nueva, anotando las referencias a las páginas apropiadas de este libro. Es de esperar que descubra ideas útiles reunidas de manera tal que le permitan a usted y a su equipo articular la naturaleza de su tarea para su contexto y construir un plan que conduzca a un lanzamiento feliz del ministerio.

Le deseamos lo mejor en esta iniciativa y le extendemos una invitación. Si convoca a un equipo de lanzamiento que se parece a la nueva comunidad de culto que desea plantar, invitamos a su equipo a leer este libro juntos y unirse a nosotros en sesiones de equipos de lanzamiento programadas regularmente, en el marco de una nueva iniciativa llamada fiestas de lanzamiento. Como parte de estas fiestas de lanzamiento, ofreceremos cuatro horas de enseñanza para su equipo, seguidas de cuatro sesiones de capacitación. Esperamos que decenas de iglesias traigan sus equipos a una de las fiestas de lanzamiento, ya que nos tomamos en serio el relanzamiento del ministerio en los años pospandémicos.

Después de su lanzamiento, al **Grupo Central** le gustaría conocer lo que sucedió con su ministerio. Con la sesión de demostración, usted estaría de acuerdo en compartir algunas secuencias de video de su(s) evento(s) de lanzamiento. Usted nos concedería los derechos para utilizar las grabaciones en la creación de un vídeo de formación para otros grupos. El Grupo Central no puede garantizar esto para cada iglesia que lo solicite, pero le animamos a que lo haga. Para explorar esta oportunidad, por favor póngase en contacto conmigo, Paul Nixon, a través del correo electrónico paul@epicentergroup.org.

BIENVENIDO

Craig Gilbert

Queremos decirle: ¡Bienvenido!»

Bienvenido(a) es una palabra que va más allá de un simple saludo. *Bienvenido(a)* significa no solo que reconozco que estamos juntos en esta empresa, sino que me alegro de ello. También quiere decir que deseo compartir este espacio con usted. Por favor, siéntase cómodo(a) y relájese para que pasemos un tiempo de calidad juntos.

Llevo mucho tiempo siguiendo el llamado de Dios en mi vida, para dirigir a otras personas en la adoración. Al principio, Dios me llamó a iniciar los servicios de adoración nuevos. A veces, esto significaba empezar un servicio desde cero. A veces, significaba terminar un servicio primero y luego reconstruirlo para satisfacer una necesidad de adoración nueva en la iglesia. En todos los casos, estar involucrado en el diseño y la construcción de un servicio nuevo de adoración significaba que tenía un lugar en la primera fila para ver lo que Dios puede hacer cuando los y las líderes dicen «¡Sí!» a la voluntad de Dios.

Voy a suponer que usted escucha esa misma voz, que le insta a adentrarse en territorios nuevos, siguiendo la voluntad de Dios a través de lla adoración en su iglesia. En este proceso, verá a nuestro maravilloso Dios trabajando a su lado y delante de usted. Si su experiencia termina siendo como la mía, también verá que Dios le acompaña en el camino recogiendo las piezas rotas y limpiando los desórdenes que quedan en el camino.

Para mí, escribir este libro se trata, en gran parte, de nosotros, ustedes y yo emprendiendo este camino. Supongo que usted nunca había pensado que los autores le acompañarían en el recorrido a través de un libro como este y en el proceso que le sigue. Sé que cuando leo un libro sobre este tema, asumo que estoy siguiendo un camino que el autor ya ha recorrido. Entonces, el libro se convierte en una guía, de modo que puedo beneficiarme de él mientras sigo un camino similar.

Con este libro tuve la oportunidad de compartir mis experiencias. Pero , al escribir estas historias, yo mismo he vuelto a recorrer el camino. La diferencia para mí era que en esta ocasión escribía pensando en usted. Cada vez que escribía un capítulo, recorría un camino conocido, pero intentaba verlo a través de sus ojos, en un mundo poscovid. Quería poder describir esta maravillosa oportunidad como lo haría un experto y, al mismo tiempo, lograr la conexión con el entusiasmo, la emoción e incluso el miedo que se siente al iniciar un nuevo servicio de culto por primera vez.

Entonces, ¿por qué empiezo con la palabra «Bienvenidos»? Porque eso es precisamente lo que debe conseguir un nuevo servicio de culto. Con esta nueva comunidad de culto, usted dará la bienvenida a las personas que entran en el culto por primera vez, que entran por primera vez en mucho tiempo, y que entran por un hábito de larga data. Si queremos acogerles verdaderamente y tener una relación real con estas personas que responden a nuestra invitación y a la invitación de Dios para adorar juntos, debemos ser adoradores experimentados que saben cómo lograr la conexión con todas las emociones que siente una persona nueva. La adoración no puede ser simplemente «lo mismo de siempre» para nosotros; no, debe ser renovadora: «Cada mañana se renuevan» (Lamentaciones 3:23).

Por esta razón, les digo: «¡Bienvenidos!». Estamos juntos y juntas en el comienzo de este camino. Ya lo he recorrido antes, y estoy seguro de que lo volveré a recorrer. Esta vez, voy a recorrerlo con ustedes. ¿Están preparados?

Entonces, ¡vamos! No puedo esperar a ver a dónde nos llevará Dios.

Dios, abre nuestros corazones a las palabras que nos esperan. Que traspasen nuestra fachada cómoda y provoquen en nosotros una oración profunda, y escucha a medida que comienza este nuevo peregrinaje ministerial. Amén.

1

LIDERAR EN ESTE MOMENTO DEL MINISTERIO

Beth Ann Estock

Vamos a mirar a través de las vitrinas
Vamos a mirar el escaparate.
Hacemos ver que es algo que se caza por todo el mundo,
o que solo se vende en los mercados más exclusivos.
Amigo, a diferencia de una perla, ya está en tu mano.
Está dentro de ti.
Deja ir todo lo demás
y ahí está.
¿Qué no cambiarías por ella?
Ah, ahí está
Escucha: a diferencia de una perla.
no puedes tenerla ni retenerla,
es un reino, un pueblo entero.
Es para el mundo, no para ti.
Eso puede ser lo más difícil de dejar ir.
Cuando lo haces...
ahí está.
—STEVE GARNAAS-HOLMES

El COVID-19 nos invitó a ver más allá de nuestras comunidades, a considerar este gran «punto» azul que gira en la Vía Láctea. Los habitantes de nuestro planeta vivieron la pandemia juntos, enfrentándose a la incertidumbre y al miedo. A su paso, quedaron múltiples crisis. Tuvimos que reflexionar sobre la pérdida a largo plazo de instituciones y puestos de trabajo. Todavía hay quienes nos preguntamos cómo vamos a alimentar y educar a nuestras familias en una nueva economía. Muchas personas nos despertamos preocupadas, como si fuera la primera vez que vivimos los efectos de la injusticia racial en nuestros sistemas de salud y justicia penal. Cada vez somos más conscientes de lo relacionados que estamos con la salud de nuestro planeta y que dependemos de ella, ya que nos enfrentamos a los efectos del cambio climático. Parece que cuando nos vemos obligados a suspender nuestros patrones de vida normales, surgen ante nosotros nuevas perspectivas y posibilidades.

Empezamos a ver fisuras y grietas en nuestras instituciones antiguas, que revelan su fragilidad y los valores corruptos que intentan mantenerlas unidas. Las personas con poder en los organismos viejos y en decadencia se aferran a su control a expensas del bien común, a expensas de los valores del reino de hacer justicia, encarnar la bondad amorosa y caminar humildemente con Dios.

En los negocios, en el gobierno y en la iglesia, hemos caído en la madriguera y nos hemos encontrado en el valle de la sombra de la muerte, preguntándonos: *¿Qué necesito dejar ir que ya no funciona?*

¿Cuáles son mis miedos que me mantienen atascado? ¿Cuál es la verdad de la que huyo?

Nosotros, como líderes de la iglesia, hemos llegado a un lugar y a un momento de umbral. El Espíritu nos llama a algo nuevo que solo se manifestará cuando tengamos el valor de cruzar el umbral hacia lo desconocido. ¿A dónde nos llama el Espíritu a ir? El amor nos exige liderar de forma nueva. Las capacidades en las que antes confiábamos como líderes no serán suficientes para guiarnos en este tiempo de transición entre lo que fue y lo que está por venir.

Este concepto se encuentra en la raíz indoeuropea de la palabra *líder*: *leit*. Significa: «morir o dar un paso adelante». En otras palabras, liderar es pasar de un mundo que conocemos a otro que no conocemos.

Un líder dotado está constantemente dejando ir lo que fue para poder entrar de lleno en el futuro que se está desarrollando. Esto nos lleva a la raíz de la palabra *coraje*, la cual es *cor*, que en latín significa *«corazón»*. Significa: «decir lo que se piensa con todo el corazón». Un líder escucha la sabiduría de su corazón como fuente de orientación, lo que le permite adentrarse en lo desconocido con creatividad y con gracia. Este es exactamente el tipo de persona líder que la iglesia necesita hoy.

Lo que fue

Antes de la pandemia, el mundo de la plantación de iglesias se centraba normalmente en comunidades de culto hasta la sostenibilidad financiera, un modelo de negocio monetizado en esencia. El objetivo final era conseguir un edificio para poder adorar juntos los domingos. Utilizamos conversaciones individuales, construimos un equipo líder y plantamos grupos pequeños como métodos para llegar a este resultado. Nuestro precepto básico era que nuestras comunidades anhelaban lo que ofrecíamos; que la gente buscaba una buena iglesia; y que dependía de nosotros, como líderes, marcar y comercializar nuestro camino hacia los corazones de nuestros vecinos. Era un desafío muy grande, no solo para la institución, sino también para las personas líderes individuales encargadas de esta misión.

Los líderes de los ministerios que empezaban a trabajar en este cometido se esforzaban por conseguir apoyo para hacer que algo suceda. Mientras hicieran [rellenar el espacio en blanco], podrían tener el éxito asegurado. Y si no tenían éxito hasta el punto de [rellene su métrica del éxito], a menudo se les consideraba como carentes de liderazgo. Como resultado, muchas personas líderes con talento acababan sintiendo como si le hubieran arrojado al montón de basura de los comienzos fallidos de la iglesia, marcadas con la letra escarlata F, de «Líder fracasado», que les persigue durante años. Esta sensación de fracaso ascendió a la cúpula de la organización, reflejándose de manera no positiva en supervisores y líderes de la conferencia. Los dirigentes de los cargos altos visionaban historias de éxito, para presumir, si se puede decir así, que mostraban su liderazgo. Buscaban lo que mantendría viva a la iglesia; Dios no quiera que la iglesia muera bajo su mandato. Lo que se tradujo en batallas territoriales de liderazgo, iglesias aisladas, luchas doctrinales internas y competencia innecesaria.

Era una postura defensiva de acorazarse en el miedo y actuar desde el instinto de supervivencia, al igual que los primeros apóstoles a puerta cerrada en el aposento alto después de la ascensión de Jesús.

El miedo al fracaso cierra los corazones y apaga la capacidad cerebral. Cuando dejamos que el miedo se salga con la suya, no somos capaces de abrirnos y escuchar el reino de la gracia que se despliega a nuestro alrededor. El miedo, en última instancia, mantiene a los líderes de la iglesia en la zona de seguridad, siguiendo los modelos de quienes les precedieron. Esto nos lleva a esforzarnos más y a hacer cosas que ya no funcionan. Para ser un «buen líder», se da a entender, hay que superar el fracaso, cumplir con los objetivos y seguir la fórmula: *Doblegar la realidad a la fórmula, si es necesario.*

Me cansa solo pensar en ello. Me pregunto qué es lo que realmente hemos tratado de lograr con este modelo. No me malinterpreten, creo que la bondad, la verdad y la belleza de la vida y el testimonio cristianos se necesitan ahora más que nunca. Con la disminución del número de personas feligreses cristianas, los Estados Unidos están perdiendo una de las formas clave en las que se enseña y modela la compasión. Sin una visión profética y un sentido de propósito claro, la gente se pierde mientras se sumerge en una crisis existencial de falta de sentido. Esta carencia, vacío o falta de sentido se manifiesta de muchas maneras, desde los movimientos de reclamo de las personas de raza blanca, hasta el consumo de drogas y los homicidios. El problema ahora mismo es que la iglesia, tal y como está configurada actualmente, se hunde en esa misma crisis de falta de sentido. Lo único que podemos ver es la sombra persistente de lo que fuimos y anhelamos volver a ser. Las personas que han resurgido desde la pandemia han perdido el sentido de lo que representamos, ya que gastamos nuestra energía en contra de nuestros peores temores.

Mientras tanto, los líderes corporativos y gubernamentales están empezando a preguntarse si trabajar para sus inversores en la bolsa de valores y cumplir con sus métricas trimestrales a expensas de la humanidad vale la pena: ¿Salvamos vidas o hacemos dinero? ¿Ofrecemos seguro médico o complacemos a nuestros accionistas con otro recorte de impuestos?

Por supuesto, rara vez se escoge uno de los dos. Nuestro mundo anhela líderes que practiquen tanto el pensamiento como la escucha. A medida que estos líderes experimentan los síntomas de la violación de la vida en muchos niveles, empiezan a darse cuenta de que la reparación requiere una dimensión espiritual. Es irónico que mientras la iglesia se aferre a la era moderna de las métricas y la supervivencia a toda costa, algunas corporaciones están moviéndose suavemente hacia un despertar espiritual integrador.

Lo que podría ser

Anhelo el testimonio profético de la iglesia en su voluntad de morir y renacer. ¿Tenemos realmente fe en la Resurrección? ¿Tenemos la capacidad de acoger al Espíritu de Pentecostés en nuestros corazones?

Los primeros apóstoles se agazaparon con miedo en el aposento alto, intentando encontrar la manera de salir de su apuro. Se sacaron las espinas (por así decirlo), probablemente tuvieron algunas reuniones y defendieron sus estrategias particulares. Mientras tanto, los ángeles negaban con la cabeza, diciendo: «Todavía no lo entienden, ¿verdad?». Entonces, entró el Espíritu Santo, el aliento vital de Dios, sin que lo impidieran las persianas cerradas y con un amor tan ferviente que abrió sus corazones a la ternura y compasión. Fue una experiencia tan transformadora que el miedo ya no tenía poder sobre ellos.

Esta es la transformación que se pide hoy, un paso hacia lo desconocido, confiar en una ternura divina que puede sostenernos, incluso en nuestro miedo. Dios nos llama a avanzar desde nuestras cabezas hacia nuestros corazones, a escuchar esa sabiduría profunda que puede guiarnos a través de todos los valles de la muerte.

Estas son algunas de las preguntas que debemos hacernos al retomar el papel de liderazgo espiritual para la década del 2020; son preguntas para reflexionar primero en la soledad y luego dentro de la comunidad de hermandad con las personas que comparten el liderazgo en la iglesia:

- ¿Qué es lo que realmente me importa?
- ¿Cómo me/nos llama la vida a servir?
- ¿Cómo encaja este sentido del llamado a servir con mi/nuestra comprensión de Dios?
- ¿Por qué se rompe mi/nuestro corazón?
- ¿Cuál es el llamado que siento/sentimos hacia el futuro en mi/ nuestros corazones en este momento?
- ¿Dónde estoy/estamos vislumbrando la gracia en forma de bondad, verdad o belleza en mi/nuestro contexto?
- ¿Cómo puedo/ podemos unirnos a esa energía?
- ¿Cómo puedo/debemos empoderar a las personas y a los equipos para que se preparen para enfrentar los desafíos de hoy con lo mejor de lo que tenemos?

¿Puede sentir el cambio? ¿Cómo sería su iglesia si su ministerio se alineara con los anhelos de su corazón? Este tipo de preguntas pueden ayudar a darnos la libertad de entrar en nuestro máximo llamado y vocación. Nos ayudan a encarnar una calidad diferente de devoción, compromiso y aprendizaje.

Nuestro trabajo principal, como el de Jesús, es ser sanadores y cultivar comunidades de sanación. Jesús invitó a sus discípulos a ir a Samaria para descubrir el reino de la gracia con gente que ni siquiera conocían. Él les indicó que buscaran «gente de paz», personas que estuvieran abiertas a recibirlos y que, en muchos casos, podrían servir para acercarlos a la comunidad en general. Jesús dijo a sus discípulos que se unieran a esas personas, que se reunieran con ellos en sus mesas, que comieran lo que ellos comían y que escucharan profundamente sus historias (ver Mateo 10:11; Lucas 10:6).

Básicamente, el ministerio era acompañar y compartir la vida en común. Entonces, parafraseando las palabras de Jesús: Cuando te encuentres con un quebranto, sé un bálsamo sanador. Y antes de irte, di algo así: ¡Oye, acabamos de ver un destello del reino de Dios juntos! ¿Lo has visto? ¿Sentiste ese amor? ¿Experimentaste esa gracia? ¡Vaya! Gracias por ayudarme a verlo también.

Nuestra propia curación y la curación de nuestro mundo están entrelazadas. A medida que nos adentramos en el dolor del mundo y arrojamos luz sobre las sombras, quienes nos rodean se vuelven menos insensibles e inconscientes emocionalmente. Sin embargo, descubrimos de nuevo que la curación colectiva puede producirse cuando atendemos con valentía nuestras propias heridas y recibimos nuestra propia curación.

Elaine Heath ofrece una postura contemplativa sencilla que, si la practicáramos, transformaría literalmente el mundo (énfasis añadido)[1]:

1. **Presentarnos** ante Dios, ante nosotros mismos, ante nuestro prójimo y ante nuestro mundo.
2. **Prestar atención** a lo que está ahí, lo que ocurre dentro y fuera de nosotros mismos.

3. **Cooperar con Dios** a medida que nos invita, instruye, corrige o alienta en la situación que se presenta.
4. **Liberar el resultado** de la cooperación con Dios. Dejar ir conscientemente el resultado, reconociendo que Dios es Dios y nosotros no.

Nuestro papel como líderes en este momento ministerial es buscar personas que resuenen con nuestro sentido más profundo del propósito y unirnos para convertirnos juntos en cocreadores de un futuro; que podamos descubrir la comunidad con ellas, orar, escuchar y observar los signos de la presencia y el movimiento de Dios en unión con ellas.

En algunos casos, es el sentido de propósito profundo de nuestros vecinos que protestan en las calles, el que llega a despertar nuestro verdadero llamado al ministerio.

Dondequiera y cuandoquiera que surja la comunidad espiritual, la adoración es una respuesta normal y esperada, y no tiene por qué ser forzada. Por eso, en este libro hablamos de comunidad de culto y no simplemente de servicios de culto. Tengo la certeza de que cuando podamos abrir nuestros corazones, experimentar comunidad espiritual y dejar de lado el resultado, descubriremos que lo que se forja es mejor de lo que podríamos haber imaginado o hecho por nosotros mismos. Mientras usted ora sobre la posibilidad de reunir una nueva comunidad espiritual, le pido que se detenga y preste atención a lo que el Espíritu está haciendo dentro de usted, sus colegas y vecinos. Dios no le está llamando a un giro de moda desgastado de los años noventa; en su lugar, Dios dice: «Yo voy a hacer algo nuevo, y verás que ahora mismo va a aparecer».

2

¿POR QUÉ INICIAR UNA CONGREGACIÓN NUEVA?

Paul Nixon

Si el propósito singular de una iglesia fuera atender las inquietudes de confraternidad de los miembros activos, no tendría mucho sentido nada de lo que estamos explorando aquí. Crear una congregación nueva, un entorno de comunidad nuevo, a una hora nueva y posiblemente en un espacio diferente, separado y distinto de las comunidades de culto existentes, supone más trabajo para muchas personas. Esto bloquea cualquier posibilidad de que todos los miembros de la iglesia puedan conocer a las demás personas. En la mayoría de los casos hoy en día, especialmente después de la conmoción que llamamos el año 2020, puede que nos quedemos sin gente en nuestro(s) servicio(s) actual(es). Puede parecer una tontería pensar en añadir otro servicio, cuando ni siquiera podemos financiar el que tenemos. Incluso si la reunión nueva se celebra en el mismo edificio inmediatamente antes o después del servicio actual, e incluso si el pago de los servicios públicos es bajo, le costará a la iglesia más dinero, por los equipos nuevos; probablemente por un grupo de un liderazgo adicional y, a veces, para ofrecer mejores refrescos. Si la reunión nueva va a traer más niños al edificio, eso significa que habrá más ruido en los pasillos y la necesidad de ampliar los servicios de cuidado de los menores. Traer más niños podría costar aún más dinero para el director del ministerio de niños. Además, las personas que inician en una comunidad de culto nueva suelen ser menos propensas a ser voluntarias para servir en los comités «clásicos» de la iglesia y, aún menos propensas a ayudar a mantener las prácticas antiguas de hacer iglesia.

Si somos una iglesia nueva (o una iglesia en crecimiento) en el vecindario, es probable que las iglesias existentes en esa zona tengan sentimientos encontrados hacia nosotros, especialmente si piensan que vamos a atraer a la gente que de otro modo acudiría a su iglesia. Nuestros colegas del ministerio pueden decir: «¡Ya hay muchas iglesias y servicios de culto en esta comunidad! ¿Por qué empezar otra?». Y, como nos recordaba Beth en el capítulo anterior, muchos proyectos no logran arraigar en la actualidad. Empezar una nueva reunión podría significar mucho trabajo, y en algunos casos, mucha gente nueva.

Entonces, ¿por qué lo haríamos? **Mencionemos algunas razones posibles:**

- Nos preocupamos lo suficiente por nuestros vecinos como para diseñar una experiencia en nuestras iglesias en la que puedan venir a la Mesa de manera significativa y confortable y no solo rocen los bordes de la vida de nuestra iglesia. El trabajo de lanzar una nueva comunidad de culto consiste siempre en amar a nuestros vecinos lo suficiente como para compartir con ellos el tesoro de la fe cristiana.

- Si somos una nueva comunidad nueva de adoración, probablemente pretendamos lanzar una reunión pública semanal para el culto como parte de nuestro diseño ministerial, para llegar a las personas que probablemente no asistan al culto en ninguna de las iglesias ya existentes.

- Si somos una iglesia ya existente, nuestras reuniones de culto actuales están diseñadas en torno a las necesidades y al contexto cultural de un grupo de población determinado (probablemente en descenso). Si queremos atraer a nuevas o más personas, sería mejor que exploráramos con ellas un tipo diferente de reunión, que sea más relevante para su vida y su contexto.

- La reunión de culto de nuestra iglesia, que se celebraba desde hace mucho tiempo, finalmente perdió su impulso, su gente y dejó de reunirse. Esto nos dio la oportunidad de reiniciar con un grupo de personas nuevo.

- Necesitamos una reunión más orientada a un público no familiarizado con historias y tradiciones internas.

- Queremos reunirnos con un grado de diversión, informalidad, y/o interacción que sería conflictiva en nuestras reuniones de culto tradicionales.

- Un número cada vez mayor de personas y familias de nuestra comunidad no pueden asistir a nuestros servicios actuales debido a sus horarios de trabajos o a los horarios de actividades extraescolares de sus hijos.

- Hemos cultivado algunos líderes (predicadores, músicos) que deseamos incorporar, cuya propia demografía y experiencia de vida les permite ampliar el rango de edad o la diversidad cultural de nuestra iglesia. En lugar de perder a nuestro personal actual, podríamos crear una nueva sede en la que los líderes nuevos puedan dirigir.

- El mundo de solo tres cadenas de televisión, tres sabores de helado y tres deportes de temporada ya no existe, de hecho, hace tiempo que ya no existe, hace tiempo que desapareció. Ahora vivimos en un mundo mucho más diverso, donde hay un sentido cada vez menor de la cultura dominante. Ofrecer opciones claras y ofrecer opciones de conexión claras y definidas para cualquier restaurante, proveedor de contenidos mediáticos o iglesia que desee prosperar en este siglo.

- Algunas de las personas a las que llegamos en el ministerio preferirían una reunión de culto en un idioma diferente (o una mezcla de idiomas) al que utilizamos en nuestras reuniones actuales.
- Deseamos reunirnos en un entorno más acogedor e íntimo que el que ofrece nuestra sala de culto actual (Esto puede ser fuera del campus donde la iglesia se reúne normalmente).
- Estamos expandiendo el ministerio a un segundo o tercer lugar.
- El tráfico ha empeorado y no le permite a la gente que vive en algunas de las zonas de nuestra parroquia entrar o salir fácilmente de sus barrios durante las horas en que nos reunimos.
- El espacio físico de nuestra iglesia está copado. El salón de culto, el área de los niños, el estacionamiento, y/o los pasillos están llenos hasta una capacidad razonable, lo que nos limita para reunir a más personas. Solo porque parece haber suficiente espacio en una de estas áreas, no significa que tengamos capacidad para crecer. Por ejemplo, una situación de hacinamiento en el espacio de estacionamiento puede frenar el crecimiento de una iglesia, incluso cuando parece que hay mucho espacio al interior[1].
- Sin una afluencia de gente nueva, la iglesia cerrará[2].

Quizás varias de las razones anteriores se apliquen a la decisión de una iglesia de lanzar una nueva reunión de culto. En cualquier caso, debemos tener claras las razones que nos motivan.

Craig Gilbert ha competido en triatlones Ironman. Y, recuerda que mientras entrenaba, su entrenador le decía que debía tener una razón clara y convincente para hacerlo. Esto se debe a que no importa cuánto se entrene físicamente, o si se está en buena forma, llegará un momento en una carrera de esa distancia en el que uno se topa con un «muro». Y cuando eso sucede, es la determinación del competidor y nada más lo que le hará sobrepasar ese punto.

No será nada obvio para toda la comunidad de nuestra iglesia que necesitamos añadir otro servicio de culto, especialmente si los servicios que tenemos actualmente no están llenos. La gente de la iglesia siempre puede encontrar muchas razones para no añadir un servicio nuevo; por lo tanto, es mejor que expongamos nuestro caso con claridad.

Pero hay mucho más en nuestra pregunta de por qué empezar un servicio nuevo de culto, que las razones mencionadas anteriormente, para que los miembros actuales de la iglesia aprueben la idea. En nuestro caso actual, también debemos tener unos motivos y presentar un argumento a nuestra comunidad de oración. Yo la llamo una propuesta de valor pública. Esta propuesta me dice por qué yo (como miembro del público) debería prestar atención a un nuevo producto, negocio o ministerio. La propuesta articula un valor añadido para mi vida, a ser posible en un lenguaje cultural comprensible.

Muchos de nuestros vecinos han vivido toda o gran parte de su vida sin haber participado en una iglesia. La mayoría de la gente ha pasado por delante de nuestras iglesias el domingo por la mañana y han asumido que no se pierden nada especial. Así que, ¿por qué querrían los vecinos aceptar nuestra invitación para venir a probar una nueva reunión de culto? ¿Qué queremos decir a nuestros vecinos con este nuevo ministerio? Hay muchas posibilidades, varias de las cuales podrían ser ciertas para nuestra iglesia. Entre ellas las siguientes:

- Ofrecemos una experiencia de culto más informal e interactiva que la mayoría de las iglesias.
- Somos acogedores y sensibles con los niños y usted puede elegir si tener su niño con usted en la sala principal durante el culto o enviarlo a la programación para los niños.
- Las personas que hablan español y las personas que hablan inglés pueden adorar juntos en una misma sala.
- Dirigimos con amor y gracia: Todas las personas son totalmente bienvenidas e incluidas, independientemente de sus preguntas sobre la fe, su orientación sexual, etc. Y enseñaremos a sus hijos

una fe cristiana positiva sin promover la intolerancia social de sus vecinos.

- Somos multiétnicos: El grupo de personas que verá reunido para el culto probablemente se parezca al grupo que suele ver en su oficina, su escuela, o en la tienda más cercana.

- El mundo nos golpea seis días a la semana, y ninguno de nosotros necesita un séptimo día de lo mismo; nosotros nos dedicamos a sanar y a edificar a la comunidad para vivir vidas que honren a Dios y bendigan a las demás personas.

- Usamos un DJ en lugar de una banda en vivo, lo que –a algunas personas– nos hace sentir menos centradas en la presentación y nos abre una gama de posibilidades más amplia en términos de la música que ofrecemos durante nuestra experiencia de adoración.

- Alabamos en torno a las mesas y comemos al mismo tiempo, y la comida es tan fresca y excelente como la música[3].

- Ofrecemos una experiencia de adoración de tradiciones centenarias, en un contexto fresco y contemporáneo.

- Creemos que la vida debe ser bella. Cuando nos reunimos, aplicamos la fe cristiana en formas relevantes que le permiten a usted y a su familia ser lo mejor de sí mismos y vivir vidas hermosas.

- No creemos en una «iglesia aburrida». ¿Tienes dudas? Danos una oportunidad y lo verás.

- Ofrecemos el tipo de música que a mucha gente le gusta y le encantaría ver en una experiencia de la iglesia[4].

En todos los casos, queremos crear una experiencia que haga que las personas que invitemos a entrar en ella digan: «¡No sabía que la iglesia podía ser así!».

¿Entonces qué?

En las últimas páginas hemos tratado las razones que podrían explicar por qué algunos servicios de culto nuevos echan raíces junto a los ministerios existentes, ya sea dentro de nuestra propia iglesia o en otra. En última instancia, sin embargo, necesitamos de la iglesia; ¿por qué molestar a nuestros vecinos con todo esto?

Hace varios años, estaba en medio de una presentación, retando a un grupo de una ciudad estadounidense grande a plantar nuevas comunidades de fe. Les dije que si no lo hacíamos pronto, alguien apagaría las luces de nuestra tradición religiosa en esa región. En ese momento, una superintendente del distrito Metodista Unido habló desde el fondo de la sala, preguntando en voz alta: «¿Entonces qué?»

¿Entonces qué? Al principio. Experimenté esta respuesta como una interrupción grosera; pero cuando miré a la superintendente, vi un brillo en sus ojos. Entonces me di cuenta de que nos estaba llamando a reclamar nuestros fundamentos de fe, a ir más allá de los temas de supervivencia, el marketing y la premisa de valor institucional.

¿Entonces... *qué?* ¿Qué aportaría esta hipotética nueva comunidad de fe a las personas que se comprometieran con ella? ¿Y qué bien podría hacer al mundo que nos rodea, comenzando en el área local y expandiéndose globalmente? Si últimamente ha visto la diferencia que la fe cristiana puede marcar en la vida de una persona, será más fácil para su equipo articular esta respuesta.

A veces respondemos «¿Y qué?» a una propuesta de valor para la propia fe cristiana. Mucha gente hoy en día no ve absolutamente ningún valor en entrar en un edificio de la iglesia o encontrar una «casa de la iglesia». Muchas personas se sienten profundamente ofendidas, por lo que ven de la iglesia en la esfera pública. Usted tendrá que crear un caso convincente. La vitalidad de un culto de experiencia cálido le ayudará a construir el camino. La calidad de su amabilidad y la amistad con los vecinos también le ayudará a presentar el argumento. Pero para todas las personas que no han estado en una reunión de culto de la iglesia, o que se imaginan que esa reunión es aburrida, ofensiva, insuficientemente masculina, etc., más vale que seamos capaces de exponer su valor.

De vez en cuando pido a los equipos que se dividan en grupos pequeños de cuatro y discutan las siguientes preguntas. Les doy 15 minutos para hablar de la primera pregunta y luego les doy una nueva pregunta cada 10 minutos, hasta llegar a una hora de conversación. Estas son las preguntas:

- ¿Por qué Jesús?
- ¿Por qué la iglesia?
- ¿Por qué esta iglesia?
- ¿Por qué (esta nueva comunidad) aquí y ahora?

En las próximas páginas, exploraremos formas de entender mejor a las personas a las que queremos llegar y sus anhelos más profundos en la vida. Pero, por ahora, reconozcamos simplemente que necesitamos ofrecer un porqué convincente que movilice al equipo que estamos reuniendo y que resuene con personas reales y vivas de nuestra comunidad. Y esa misma respuesta al porqué será la que sustente nuestra decisión de dar a luz a esta nueva comunidad de culto si nos desanimamos en los primeros meses.

EVALUAR SU PREPARACIÓN

Paul Nixon

En los primeros años del siglo XXI, miles de iglesias del mundo occidental experimentaron un resurgimiento al añadir nuevos cultos de adoración. Muchos de esos efectos redujeron la edad media de sus respectivas congregaciones y ayudaron a reavivar la vitalidad del ministerio en algunos lugares en los que la llama empezaba a resurgir. La mayoría de los nuevos servicios eran más sencillos, pasando de incluir un coro tradicional a tener una pequeña banda de músicos. En muchos casos, todavía había suficientes personas en la órbita de estas iglesias o con historia de tradición en estas, que los nuevos comienzos prosperaron. La gente empezó a participar, los nuevos servicios de culto echaron raíces y la asistencia total aumentó. Eso fue en aquel momento.

Donde solíamos tener 300 asistentes el día del lanzamiento, ahora estamos contentos con 125. Donde solíamos tener 100 asistentes, ahora a veces nos lanzamos con solo 30 y trabajamos para crecer a partir de ahí, semana a semana, a veces con resultados sorprendentemente buenos. Esto es especialmente cierto cuando trabajamos con poblaciones que se identifican como espacio cultural verde o amarillo en el marco de la Dinámica Espiral[1] -que caracteriza a la mayoría de los adultos menores de 40 años en algunas zonas de hoy en día. Es probable que estas poblaciones desconfíen de la religión organizada, por un lado, mientras que posiblemente vean la verdad como algo compartido entre diversas tradiciones religiosas. Ya no se trata de un escenario misionero americano de los años noventas.

Un lanzamiento de una comunidad de oración de menor tamaño también es común cuando una o dos megaiglesias dominan el ámbito local de la gente y las familias que buscan un lugar para el culto. Aunque usted tenga una visión significativamente diferente de la megaiglesia, le puede resultar difícil captar mucha atención al principio: posiblemente usted es una iglesia pequeña que apenas comienza y las otras iglesias son grandes, desarrolladas y bien diseñadas para los consumidores espirituales de la zona. Recuerde, que los planetas grandes, tienen mucha más gravedad que los planetas pequeños.

Así, el tema de la preparación para el lanzamiento de una comunidad de adoración nunca ha sido más crítico. ¿Cómo saber si su iglesia está preparada para hacerlo y cuándo?

Puede empezar por comprobar rápidamente el razonamiento de base entre su equipo de liderazgo. La próxima vez que reúna a su equipo, simplemente hágales estas dos preguntas:

- ¿Esta iniciativa nueva nace más de la preocupación por la población que pretendemos alcanzar que de la preocupación por la supervivencia de la iglesia o sostenibilidad financiera?
- Si tuviéramos éxito y llegáramos a tanta gente que se convirtieran en la prioridad de nuestra iglesia, saturando el liderazgo existente, ¿querríamos continuar?

Si la respuesta a cualquiera de estas preguntas es «No», puedo asegurarle que no está preparado para esta iniciativa. Las personas a las que llegue, probablemente se darán cuenta rápidamente de sus vacilaciones o de su carácter institucional y se irán. Si no se dan cuenta rápidamente, habrá conflictos más adelante y/o una amarga decepción cuando las nuevas personas que se han unido a usted, no se comporten como los feligreses leales de la iglesia de antaño.

Una tercera pregunta que usted debería hacer a los líderes de su iglesia es la siguiente:

- ¿Ha tenido nuestra iglesia algún éxito a la hora de invitar a nuevas personas y ayudarles a experimentar un avance espiritual en nuestro templo? En otras palabras, para usar una metáfora que le gustaba a Jesús, ¿tenemos alguna experiencia sólida «pescando peces»?

Las nuevas comunidades de culto consisten en pescar nuevos peces. Y si no sabemos pescar bien, deberíamos pensar primero en fortalecer nuestras habilidades, antes de pensar que podemos poner los peces que atrapamos en un barco llamado culto. Si nuestra comunidad de culto actual no es adecuada para las personas con las que queremos desarrollar una relación, podríamos buscar otras estrategias ministeriales a corto plazo: el trabajo en grupos pequeños y el compromiso misionero con la comunidad (solo para nombrar dos; mencionaremos más estrategias en las próximas páginas).

Hace 10 años, algunos de mis amigos y yo desarrollamos una herramienta de autoevaluación para las iglesias que desean iniciar un ministerio con personas nuevas. Se llama Readiness 360 (www.readiness360.org). Más de 1.200 congregaciones en Estados Unidos y el Reino Unido han realizado la evaluación. Hemos comprobado su calidad a lo largo de los años, ya que correlacionamos los resultados con los logros del ministerio de la iglesia en tiempo real. Se trata de una herramienta de predicción poderosa. En la actualidad, Phil Maynard, de EMC3 Coaching, es el propietario de Readiness 360. Nosotros la recomendamos ampliamente como herramienta para evaluar la preparación de su iglesia o equipo para alcanzar a muchas personas nuevas para el ministerio. Por un costo modesto, no solo le mostrará dónde es fuerte y dónde tiene desafíos, sino que ofrecerá consejos prácticos sobre cómo su iglesia podría fortalecer su ministerio para vivir su visión. Podría ahorrarle miles de dólares en gastos para lanzar algo que estaría fracasado desde el principio. A menudo, las iglesias que inician servicios nuevos son como la mayoría de los alumnos de tercer grado que abren un libro de cálculo, carecen de las experiencias formativas y el aprendizaje básico que hace hacen que el cálculo sea accesible e incluso divertido. Readiness 360 analiza cuatro áreas de la experiencia interna de su iglesia o ADN[2]:

1. **Intensidad espiritual**: ¿Qué tan sólida es la experiencia de Dios de las personas en esta iglesia, tanto en términos de prácticas espirituales personales como en términos de su vida común, especialmente en el culto? ¿Es esta una iglesia que vive con una gran expectativa de lo que Dios va a hacer a continuación? ¿Hay personas o ministerios aquí que podríamos describir acertadamente como que están «encendidos»? (Sabemos que, a medida que mejora esta área, contagia a las otras tres áreas de manera positiva).

2. **Relaciones dinámicas:** ¿Tiene esta iglesia hábitos buenos de relaciones entre su congregación, entre sus líderes y miembros, entre las personas que ya pertenecen a la iglesia y las recién llegadas; con ella misma, los vecinos y otras personas aliadas del ministerio; y así sucesivamente? Las iglesias con patrones de relaciones saludables, ausencia de intimidación, buena capacidad para incorporar gente nueva y sus ideas, y una hospitalidad fuerte y auténtica, constituyen lugares en los que las personas quieren quedarse.

3. **Alineación de la misión**: ¿Sabe esta iglesia o equipo de lanzamiento qué actividad están emprendiendo? ¿Son los líderes capaces de hablar del cambio de ideas nuevas en el marco de la misión de la iglesia, en lugar de limitarse a los temas de gustos personales o las tradiciones y costumbres? ¿Son capaces de poner en pausa algunos programas o proyectos a largo plazo con el fin de crear capacidad

(de tiempo o financiera, para enfoques nuevos del ministerio más alineados con la misión de la iglesia en el contexto actual[3]?

4. **Apertura cultura**l: ¿Qué tan bueno es este equipo para dar la bienvenida a las personas que vienen con una narrativa de vida diferente a la suya, una historia cultural, o una perspectiva política o teológica diferente? Estamos descubriendo que cuantas más experiencias interculturales traigan las personas antes de llegar a la iglesia, más fuerte puede ser la apertura cultural. Así, no debería sorprendernos que muchas iglesias rurales u homogéneas se queden atrás en esta categoría o que iglesias urbanas y con un alto nivel de educación sean a veces (aunque no siempre) más fuertes en este aspecto que en el área espiritual. Las personas con experiencia militar pueden descubrir una ventaja también en este caso, ya que los militares forman a personas muy diversas en una comunidad muy orientada al trabajo en equipo.

Está muy bien si discierne que su iglesia podría necesitar fortalecer su preparación antes de intentar lanzar una nueva comunidad de culto, lo que ralentizará su línea de tiempo, y eso no representa ningún problema. Dios nos sale a nuestro encuentro donde estamos y nos lleva amablemente hacia adelante desde ese punto. Existe un camino de autenticidad para cada iglesia y equipo.

En cuanto a las cuatro áreas anteriores, **estos son algunos consejos para aumentar la preparación de su iglesia para atraer a personas nuevas:**

1. **Intensidad espiritual**. Esta es un área central de la funcionalidad de la iglesia; a medida que se fortalece, hemos observado que otras dimensiones de la preparación se ven impulsadas en una buena dirección. Cualquier énfasis que movilice a las personas para que aumenten su práctica espiritual diaria, ofrecerá algún beneficio no

solo en ellas sino también a su iglesia. Su iglesia podría centrarse en motivar a la congregación para:

- leer las escrituras diariamente;
- encontrar una necesidad de la comunidad y ofrecerse a servir;
- unirse a un grupo pequeño que se reúna al menos dos veces al mes para hablar sobre los retos de vivir la fe en el día a día
- aceptar el reto del diezmo (tal vez incluso con una garantía de devolución del dinero para las personas que no se sienten seguras de diezmar) y,
- comprometerse con un ritmo diario de prácticas espirituales.

Este tipo de acciones hacen que una iglesia deje de ser simplemente una reunión de culto y confraternidad, y reorientar la iglesia como un pueblo que vive con un sentido de propósito común. En mi experiencia con decenas de iglesias en los últimos dos años, aquellas con una alta intensión espiritual y la claridad de sus propósitos han superado mucho mejor que otras los retos de la pandemia.

2. **Relaciones dinámicas**. Hay dos problemas comunes en esta área para la mayoría de las iglesias: En primer lugar, hay demasiado esfuerzo individual en las diversas tareas del ministerio y no hay suficiente esfuerzo en equipo. Así, El voluntariado se convierte así en un trabajo tedioso y solitario. Conformar equipos más consolidados supone a menudo un cambio de perspectiva. El simple hecho de tener experiencia de trabajo en equipo será útil cuando una iglesia se prepare para abordar la tarea compleja de crear una comunidad de culto completamente nueva. En segundo lugar, muchas iglesias no tienen experiencia en la creación de relaciones con personas nuevas. Solo han tenido experiencia con pocos visitantes y un porcentaje pequeño de quienes deciden hacer de la iglesia su hogar. En algunos casos, se requiere un

trabajo exhaustivo para ayudar a una iglesia a aprender a establecer relaciones con miembros nuevos, incluso si estas personas nuevas no forman parte de un grupo de población diferente al de la iglesia. En este libro, encontrará el capítulo 6 («Construir puentes de comunicación con las personas que buscamos»), el capítulo 8 («Desarrollar una cultura de invitación»), el capítulo 25 («Ofrecer una hospitalidad de primera clase») y el capítulo 26 («Incorporación de nuevas personas a la comunidad») para pensar en cómo mejorar las interacciones de su iglesia con la gente nueva de la comunidad de culto.

3. **Alineación misional.** Margaret Brunson[4] me recuerda que el sentido de propósito de una iglesia local en particular es, probablemente, más específico que la misión dada a la iglesia de Dios para todos los tiempos y lugares. En otras palabras, no podemos simplemente extraer la Gran Comisión, el Gran Mandamiento o la declaración de la misión de la denominación y marcar una casilla de listo.

Tengo sentimientos encontrados sobre las descripciones de misión que veo en las iglesias cuando viajo. Algunas declaraciones de misión son simplemente carteles de denominaciones, colocados fielmente en el tablón de anuncios del pasillo de la iglesia, sin oración o discernimiento a nivel de la comunidad local. Otras descripciones de misión recogen valores aleatorios o periféricos e intentan hacer de ellos el estilo del año, de manera que no me convencen de que esos mensajes son realmente el núcleo de la razón de ser de estas iglesias. En estos casos, la declaración de la misión puede ser simplemente lo que la administración actual desea enfatizar. Necesitamos claridad sobre la actividad de nuestra iglesia, expresada de forma sencilla y, que: (a) resuene con las convicciones centrales de la comunidad en el lugar, (b) sea relevante para lo que Dios está haciendo en nuestro vecindario y (c) esté relacionada con el trabajo histórico de la iglesia cristiana en todos los tiempos y lugares.

Una vez que se haya renovado la claridad sobre la razón de ser de su iglesia, es importante auditar todo lo que hace y cada grupo que se reúne y preguntar: «¿Cómo se alinea esta actividad o grupo con el propósito fundamental de esta iglesia?» A partir de esa claridad, todas las áreas de la iglesia pueden orientarse hacia el núcleo. Una claridad significativa pude emerger y alinear o eliminar ciertos comités o actividades. El capítulo 1 («Liderar en este momento ministerial»), el capítulo 2 («¿Por qué iniciar una reunión nueva?») y el capítulo 7 («Desarrollar una cultura de oración») pueden ser útiles para que sus líderes aclaren el propósito central y la vocación de su iglesia.

4. **Apertura cultural**. Esta capacidad está relacionada sobre todo con la experiencia de vida. Suele ser la menos desarrollada de las cuatro capacidades/áreas de preparación nombradas aquí. Las personas con experiencia de vida intercultural serán útiles en cualquier equipo que se espere que lance un ministerio culturalmente abierto. Piense en términos de la gente joven, personas que hayan vivido en diversos lugares, miembros de familias militares, personas que han ido a la escuela o han trabajado con un grupo diverso de personas. Por último, recuerde que la diversidad del equipo de lanzamiento que convoque determinará probablemente la diversidad de la comunidad que reúna. Mi libro de 2019 *Multi: The Chemistry of Church Diversity* (La química de la diversidad de la iglesia) le puede ser útil, mientras piensa en este desafío y desarrolla un plan. Y el capítulo 18 de este libro «Nurturing Multiethnicity» («Cultivando la multietnicidad») probablemente también le servirá de apoyo en este sentido.

Si su iglesia no está totalmente preparada para iniciar un nuevo ministerio que acoja a un mayor número de personas, le recomiendo que ralentice sus planes para establecer la nueva comunidad de culto. Considere la posibilidad de dedicar un año, aproximadamente, a fortalecer sus habilidades para este desafío. Dedique el tiempo necesario para realizarlo bien. Además, tenga en cuenta esta observación: las iglesias que más necesitan que sus líderes se tomen unos meses para discernir con las escrituras y preguntar «Dios, ¿qué quieres hacer a través de nosotros?» suelen ser las que más se resisten a hacer el cambio.

4

MENCIONAR LO QUE HACE BIEN (Y LO QUE PODRÍA HACER MEJOR)

Kim Shockely

En el capítulo 1, Beth Ann Estock compartió cómo el trabajo de discernimiento espiritual es fundamental cuando te prepara para hacer algo novedoso con Dios. Una parte de este discernimiento es reconocer lo que ya hace bien. Es posible que su congregación tenga muchos recursos para el ministerio, que podrían tener un impacto en la forma de diseñar y realizar bien esta nueva misión. Siempre se obtiene mayor «éxito» en el ministerio cuando se alinean los planes con los recursos existentes.

Toda iglesia tiene recursos ministeriales que incluyen los siguientes:

- las habilidades que cada persona aporta a la congregación;
- las convicciones que surgen dentro de la congregación cuando cada persona encuentra formas de servir que le producen una alegría profunda;
- las actitudes positivas que utilizamos para hacer nuestro trabajo;
- los comportamientos positivos que nos ayudan a construir relaciones auténticas y amorosas con todo tipo de personas;
- y la reputación y credibilidad que nuestra iglesia puede tener ya en la comunidad, en relación con ciertos ministerios.

Algunos de estos bienes son intangibles, pero también puede tener algunos recursos tangibles reflejados en el edificio de su congregación, el personal y la estabilidad financiera. La mayoría de nosotros puede destacar estos elementos rápidamente en una reunión. Por ejemplo, tenemos esta cantidad de dinero en el banco, tenemos este número de salas o espacios que se pueden utilizar para oportunidades ministeriales únicas, o tenemos esta persona del equipo que nos ayuda a mantenernos centrados en lo que hay que hacer. Estamos acostumbrados a tener conversaciones en torno a estos bienes tangibles. Además, me gustaría mencionar que el proceso de descubrir los elementos intangibles es el camino de preparación más difícil y crítico para realizar algo nuevo.

El lugar más fácil para empezar sería con las habilidades y pasiones presentes dentro de la congregación o dentro del alcance o la red de la congregación. Una forma de hacerlo es hacer una lista de los recursos que cree que necesitará para lanzar una nueva comunidad de culto[1]. Por ejemplo, puede necesitar lo siguiente:

- Músicos;
- personal de hospitalidad, tanto dentro como fuera del lugar de culto;
- líderes de culto;
- «escenógrafos» (una forma moderna de definir a quienes diseñan el área del altar del culto);
- contactos de seguimiento para los invitados y visitantes;
- y personas que guíen a los niños en el descubrimiento espiritual.

Cuando piensa en las personas de su congregación actual o en su equipo de lanzamiento, ¿quién tiene estas habilidades? ¿Dónde están los vacíos? Cuando piensa en las amistades e hijos de las personas de su grupo de culto existente, ¿quién tiene estas habilidades?

También podría pensarlo a la inversa y ver primero las habilidades que está seguro de que tienen personas de su congregación. Por ejemplo, si su iglesia está ubicada en Silicon Valley (Valle del Silicio, California), es posible que tenga la suerte de contar con innovadores e ingenieros que entienden el funcionamiento de la comunidad digital de una manera que otras iglesias no conocen. A medida que avanza, preste atención a las formas en las que su iglesia está dotada de manera particular.

Podría considerar la posibilidad de realizar una encuesta de dos preguntas para las habilidades y pasiones que están presentes entre las personas de su congregación. La primera pregunta podría ser: *¿Qué habilidades utiliza en su vida cotidiana?* La siguiente pregunta se centraría más en las pasiones, como, por ejemplo, *¿Qué tipo de actividades en su vida le dan alegría?* Estas preguntas amplias y abiertas pueden ser la herramienta que necesita para aprender aspectos que no conocía de sus feligreses. Por ejemplo, ¿hay personas (de cualquier edad) que se consideran bailarines hábiles, organizadores de eventos, artistas, escritores, cocineros, baristas, pasteleros, contadores, profesores, trombonistas, etc.? ¿Hay auditores a los que les gusta jugar con sus nietos, ejecutivos a los que les encanta cocinar, o dependientes o empleados de tiendas a los que les gusta hacer música en sus horas libres? Si descubre que tiene cualificados en su congregación, ¿en qué tipo de experiencia podrían participar que ayude a nuevas personas a glorificar a Dios a través de la adoración? ¿Cómo podría utilizar «por ejemplo» a los maestros o a los trombonistas en una experiencia de adoración? Espero que visualice la idea de diseñar una experiencia de adoración que aproveche las habilidades que posee la congregación puede proporcionar una oportunidad de interactuar con nuevas personas, y también representa oportunidades nuevas para las personas que asisten actualmente de la iglesia, que nunca se han involucrado con la iglesia de esta manera.

Más allá de la idea de una simple encuesta, puede notar en los ojos de algunas personas brillo y entusiasmo cuando el tema de la creación de una nueva comunidad de culto surge en la conversación. Paul Nixon y yo abordamos este tema en nuestro libro *The Surpise Factor: Gospel Strategies for Changing the Game at Your Church* (El factor sorpresa: Estrategias evangélicas para cambiar el funcionamiento de su iglesia). Mantenga una lista en su escritorio de esas personas en las que nota brillo y entusiasmo por el tema. Ore por ellas diariamente. Pase tiempo regularmente con ellas. Pida a Dios que haga su voluntad en ellas y luego espere y vea lo que sucede. Prepárese para invitar a estas personas al liderazgo y para tomar en serio sus ideas. Puede que traigan aportes que no había visto o que ni siquiera había contemplado. Dios está obrando a través de ellos, de manera que encontrará una repuesta afirmativa para potenciar sus habilidades y pasiones.

Vamos a cambiar ahora, más allá de las habilidades y pasiones tangibles a la *esencia* de la persona. Las habilidades y las pasiones se centran en el hacer y la energía que nos impulsa en nuestro funcionamiento. En última instancia, creo que es más importante *centrarse en lo que somos que en lo que hacemos*. Por ejemplo, puedo ser una gran bailarina y dirigir una experiencia de adoración emocionante. Pero si quiero toda la atención hacia mi habilidad o soy prepotente con los otros participantes, ¿soy la persona adecuada para dirigir el culto? Las personas cuyas actitudes y comportamientos son de un discípulo de Jesús que está madurando, le ayudarán a tener una experiencia de adoración más fructífera, incluso si sus habilidades necesitan un poco más de práctica y son relativamente jóvenes en su camino de fe.

¿De qué tipo de actitudes y comportamientos estamos hablando? Veamos en Gálatas: «*En cambio, el fruto del Espíritu es amor, alegría, paz, paciencia, amabilidad, bondad, fidelidad, humildad y dominio propio. No hay ley que condene estas cosas*» (5:22-23, NVI). Estos aspectos de comportamiento ayudarán a que su nueva comunidad prospere y establezca un tono positivo que encaje con el ADN de la comunidad. Por otro lado, el talento en el equipo que no está encausado por el Espíritu puede desubicarse y causar mucho daño.

Puede considerar la posibilidad de elaborar un pacto relacional para su equipo de lanzamiento, para asegurar que los comportamientos y actitudes de los miembros funcionen de manera positiva a medida que realizan el trabajo. Cada individuo y cada grupo de seres humanos tiene momentos en los que las situaciones de la vida no van bien; por eso, tener un pacto acordado de antemano le ayudará a pasar a través de esos momentos. Es mucho más fácil intervenir los comportamientos difíciles cuando se hace primero. El proceso que utiliza las tres reglas simples de John Wesley[2] es un gran modelo para escribir un pacto juntos. El proceso es bastante sencillo:

- Enumerar los comportamientos y actitudes que harían *daño* (como los chismes, el acoso, etc.). Luego, pida a cada persona de su equipo que elija de la lista tres comportamientos con los que se comprometería a no hacer. Cuente el número de votos para cada elemento y elija los tres más votados.

- Enumerar los comportamientos y actitudes que harían *bien* (como practicar conversación respetuosa, vivir los valores acordados en todos los niveles, etc.). Siga el mismo proceso que antes, con cada persona de su equipo elija de la lista tres comportamientos que se comprometería a realizar. Una vez más, cuente el número de votos para cada elemento y elija los tres más importantes.

- Enumere los comportamientos que nos ayudan a *mantenernos en conexión con Dios* (como orar diariamente por el equipo, leer juntos las mismas escrituras, etc.). Luego, una vez más, siga el proceso para que cada miembro del grupo seleccione tres de los comportamientos de esta lista, cuente los votos y elija los tres mejores.

Una vez que el pacto esté establecido y firmado por cada persona miembro del equipo, asegúrese de revisarlo cada vez que se reúna durante las primeras semanas, y después, al menos una vez al mes. Revisar el pacto ayudará a que el equipo recuerde su valor y su compromiso. En cada reunión, pregunte, «¿Qué celebramos por haber establecido el pacto? ¿Qué nos preocupa acerca de esta alianza? ¿Qué necesitamos confesar?».

Otra forma de responder a la pregunta «¿En qué somos realmente buenos?» es averiguar lo que el vecindario que rodea a la iglesia piensa de la congregación: ¿Por qué es realmente conocida la Iglesia [nombre la iglesia] por sus vecinos, especialmente las personas que no asisten a ninguna de sus actividades? ¿Cuál es la reputación de su iglesia en la comunidad? ¿Cómo quiere que sea esa reputación? ¿Existe una correspondencia entre lo que realmente es y lo que se desea? Si se hace una encuesta de dos preguntas a personas al azar, se podría preguntar simplemente: *¿Ha oído hablar alguna vez de la Iglesia [nombrar la iglesia y la ciudad]? ¿Qué es lo primero que le viene a la mente cuando piensa en ella?*

Descubrir la reputación de la congregación puede ser un trabajo aleccionador, pero es esencial en la navegación hacia algo nuevo. Casi todas las iglesias tienen algún paso en falso en su historia que ha alejado a algunos de sus vecinos. Estos sentimientos negativos podrían estar relacionados simplemente con la percepción pública que la gente tiene de la religión en general o a la imagen denominativa de la iglesia. ¿Qué valores específicos posee su iglesia (o puede desarrollar) para superar una reputación negativa?

Hace unos años, una iglesia Bautista progresista y en crecimiento de Washington DC, descubrió que los *Bautistas* se asocian con *la derecha religiosa* en la mente de muchos ciudadanos de Washington. Así que los líderes de esta iglesia añadieron un eslogan a su nombre: «*Un modelo diferente de Bautista*». Del mismo modo, una congregación Metodista Unida de Texas con la reputación de ser «una reunión para gente rica», inició la campaña: *Amamos a (nombre de su ciudad)*. Durante años se esforzaron por hacer honor a ese eslogan y enseñar a sus a sus vecinos que se preocupaban profundamente por toda la ciudad y por todos sus habitantes.

Todos los miembros de la iglesia deben ser conscientes de que la forma de hablar de la vida de su congregación, sus miembros y sus líderes, es muy importante. Las personas líderes deben tener especial cuidado con la forma en que hablan de su iglesia en público; esto es aún más imperativo cuando hay controversia de algún tipo. Si nos centramos en las buenas noticias, podemos ayudar a otras personas a ver que Dios está activo en nuestra comunidad. Recuerde que el testimonio de las personas de su comunidad, se produce cuando hablan de lo que ocurre en la vida de su iglesia y en sus propias oportunidades de fe. Este testimonio puede ser tanto positivo como negativo, por lo que siempre hay que prestar atención a maximizar lo positivo en público en todo momento.

En resumen, hay cosas que se le dan bien. Cada persona del equipo debe tomar en serio esos dones en nuestra visión y planificación del ministerio y reconocer que hay aspectos en los que debemos mejorar para prepararnos para los desafíos ministeriales que tenemos por delante.

5

CENTRARSE EN UN GRUPO DETERMINADO DE PERSONAS

Matt Temple

Fue nuestro viaje número trece a la sala de emergencias en un período de tres meses. Estos viajes nunca se produjeron en horas convenientes. Por lo general, sucedían a las horas en que la mayoría de la gente descansa tranquilamente en sus camas. Mi esposa, Angie, tenía algunos problemas de estómago que pensamos que se habían resuelto con un procedimiento exitoso, pero poco después de la intervención, empezaron a surgir otros problemas. Ella tenía de dolor intenso en el abdomen que no cedía. La mayoría de nuestras visitas fueron al mismo hospital, por lo que cuando llegábamos a la puerta del centro médico, esperábamos un poco de comprensión en cuanto a quién era ella, por qué estábamos allí de nuevo y qué pruebas se habían hecho para intentar diagnosticar el problema. Sin embargo, cada vez que llegábamos, Angie tenía que pasar por los mismos procedimientos, como si fuera nuestra primera vez en esa sala de emergencias y tenía que soportar horas de dolor insoportable. No había notas disponibles que dieran al personal del hospital información de fondo o acceso a su historial médico. Así que, en cada visita, pasábamos por las mismas dos horas del protocolo en la sala de emergencias, antes que el personal del hospital llamara al médico de Angie y tratara de encontrar una solución real. Cada vez, ella intentaba describir lo que le estaba pasando y el dolor intenso. Y cada vez volvíamos a explicar lo mismo, exactamente lo que sabíamos que iban a hacer durante las dos horas siguientes; pero nuestras explicaciones no servían de nada. *Hay pocas cosas más frustrantes que no ser escuchado.*

Vivimos en un mundo obsesionado con la eficacia. Buscamos similitudes (y muchas veces las suponemos), y luego encontramos formas de racionalizar para lo que esperamos que proporcione el mayor impacto con la menor cantidad de recursos. Con demasiada frecuencia, nuestra obsesión por la eficiencia también afecta a la forma en que imaginamos y practicamos el ministerio. Pero hacer que el evangelio sea significativo para un contexto particular rara vez es un ejercicio de eficiencia. Con demasiada frecuencia, nuestra iglesia, al igual que nuestra sala de emergencias local, puede tratar de crear soluciones para gente de la que se sabe poco o nada; respondemos a preguntas que nadie hace y luego nos preguntamos por qué nadie se siente atraído a venir a nuestra iglesia.

En *Las aventuras de Alicia en el país de las maravillas*, de Lewis Carroll, Alicia llega a una bifurcación en el camino y se encuentra con su amigo curioso, el Gato de Cheshire. Ella le pregunta al gato: «Podrías decirme, por favor, ¿qué camino debo tomar desde aquí?». A lo que el Gato de Cheshire respondía: «Eso depende mucho de a dónde quieras llegar». Alicia, tratando de orientarse en ese mundo extraño, le dice a su guía misterioso que no sabe, ni le importa. A lo que el Gato de Cheshire responde: «Entonces no importa el camino que tomes»[1].

Lo mismo ocurre con nosotros cuando intentamos diseñar algo nuevo. Nuestro proceso de planificación estará lleno de bifurcaciones en las que deberemos tomar decisiones estratégicas críticas. Sin embargo, al igual que algunos de los empleados con los que lidiábamos mi esposa y yo en la sala de emergencias, a menudo nos olvidamos de ver y escuchar a las personas a las que queremos llegar. En su lugar, empezamos a pensar en lo que tenemos que hacer y cómo tenemos que hacerlo. Cuando no prestamos atención seriamente a las personas a las que queremos llegar, podemos empezar a planificar al azar, como si los procesos que seguimos y las acciones que llevamos a cabo realmente no importaran:

«Otra iglesia *hizo* esto; ¡suena bien!». Y así sucesivamente. Lo que trae como resultado la desconexión con las mismas personas a las que queremos servir.

Al entrar en el proceso de visualización para lanzar una nueva comunidad de culto, debemos tomarnos el tiempo necesario para entender a las personas para las que estamos diseñando este ministerio:

- ¿Para quién lo estamos diseñando?
- ¿Por qué estas personas?
- ¿Cómo hemos experimentado que Dios nos guía hacia esta población?

Y más allá de la pregunta de quién, ¿qué nos llevará a comprender profundamente sus experiencias de vida y sus aspiraciones? Una pregunta aún más profunda: ¿Cómo nos apasionamos por esta población y llegamos a sentir empatía por ella?

Entonces, solo cuando hayamos identificado y empatizado con las personas que pretendemos atender, debemos sumergirnos en la innovación y en el genio creativo que existe en todos nosotros para crear la experiencia adecuada. Si no escuchamos, ni aprendemos de las personas a las que estamos llamados a acercarnos, debemos preguntarnos si este proyecto nuevo es para construir *nuestro* reino o el reino *de Dios*.

Un buen programa de planificación comienza en la intersección entre la empatía y la creatividad

La empatía consiste en desarrollar la comprensión de lo que otra persona siente y experimenta. En Mateo 9:36, se nos dice que Jesús vio a los que estaban reunidos a su alrededor y observó en ellos un anhelo. Esta observación llevó a Jesús a tener compasión. La palabra *compasión* en este texto significa «sentir con». La observación de Jesús condujo a una comprensión más profunda que finalmente derivó en empatía. Fue a partir de esta empatía que el genio creativo de Jesús se encontró con las personas justo donde ellas estaban.

Al entrar en nuestro proceso de diseño, es probable que tengamos al menos una idea general sobre las personas para las que estamos diseñando la experiencia de culto. Es importante que identifiquemos y describamos estas hipótesis internas iniciales, pero también debemos alinear esas suposiciones con la realidad de quienes viven a nuestro alrededor. Dentro del mundo de la antropología (el estudio de la sociedad y la cultura humana), generalmente hay tres formas de «ver» a las personas en un determinado contexto o área de estudio. Las tres estrategias de observación son las siguientes:

- observación no participante/indirecta;
- observación no participante/directa;
- y observación participante.

Cada una de estas tres estrategias tiene ventajas, y cada una de las tres es necesaria. Estas estrategias se mueven a lo largo de un espectro, desde la inmersión limitada a la máxima inmersión. A menudo, cuanto más profunda es la experiencia, más incómoda es para nosotros, ya que nos lleva a situaciones en las que se nos pide que seamos el invitado y no el anfitrión. Sin embargo, cuanto más inmersos estemos, más probable es que se desarrolle la empatía y la claridad.

Veamos esto a través de la lente del juego de béisbol. Como aficionado al béisbol, *La observación no participante/indirecta* se produce cuando sigo las estadísticas de mis jugadores y equipo favoritos. En realidad, no tengo que ver un partido para ver algunas de las tendencias y entender lo que está pasando con el equipo. A través de las estadísticas de bateo, el porcentaje de victorias, los porcentajes de swing y de fallos, y otros miles de datos, puedo sacar algunas conclusiones del rendimiento. Sin embargo, todos estos datos deben pasar por mi propia lente interpretativa y, en consecuencia, la historia que los datos me cuentan será muy limitada y subjetiva.

Esto nos lleva a la *observación no participante/directa*. En nuestra analogía del béisbol esto ocurre cuando veo todos los partidos posibles. Con esta estrategia, cuanto más cerca esté del juego, mejor será mi capacidad para interpretar la historia que me cuentan los datos sobre quiénes son los jugadores. Podría ver los partidos por televisión, pero lo ideal sería estar presente en el estadio para disfrutar de la experiencia completa de inmersión. Aunque este método me acerca a la historia real de los jugadores, sigue manteniéndome a distancia.

La mejor manera de entender realmente a los jugadores sería a través de la *observación de los participantes*. Esto requeriría que me convirtiera de alguna manera en un participante del juego. Podría hacerlo convirtiéndome en árbitro, en entrenador o, si tuviera el don de hacerlo, en jugador del equipo. Esto requeriría pasar tiempo en las canchas de béisbol y los banquillos, experimentando todo tipo de situaciones con los jugadores.

Al iniciar una nueva comunidad de culto, la observación no participante/indirecta de los reportes estadísticos, los blogs, los medios de comunicación locales, patrones de viaje, páginas de Facebook de la comunidad y/o Nextdoor[2], así como, a través de organizaciones de recolección de datos como MissionInsite[3]. o Gloo[4]. Esta es la estrategia de observación menos participativa, la cual nos dará información general importante sobre las personas que viven en un contexto o región geográfica específico y puede ayudar a nuestro equipo a empezar a identificar y aclarar para quiénes estamos diseñando la experiencia de culto.

Con la *observación no participante/directa*, nos fijamos menos en los datos y más en el comportamiento dentro de un entorno concreto. Es probable que traigamos con nosotros algunas hipótesis y suposiciones sobre las personas a las que nos sentimos llamados y ahora buscamos confirmar nuestras hipótesis. Algunas personas llamarían a este estudio, investigación etnográfica. Lo hacemos simplemente estando siempre presente en el contexto de las personas y observando su comportamiento. Esta observación podría tener lugar en una cafetería, un parque local, un evento deportivo, etc. Otras formas de involucrar a las personas en la *observación no participante/directa* sería a través de encuestas y manteniendo conversaciones individuales.

Por último, en la *observación participante*, identificamos dónde se reúnen actualmente las personas que hemos identificado como nuestro objetivo y participamos en esos espacios para establecer conexiones, construir relaciones y obtener una comprensión y empatía más profundas. A través de esta experiencia de inmersión, podemos considerar la posibilidad de invitar a las personas que conozcamos a nuestro proceso de diseño. Podemos darles la oportunidad de hablar sobre lo que sería una experiencia de culto significativa para ellas.

En la observación participante, podemos ir más allá de los datos demográficos y comprender quiénes son las personas internamente: *¿Por qué hacen lo que hacen? ¿Qué les motiva, qué les inspira, qué les da sentido?* Las preguntas en las que podríamos buscar respuestas en relación con estas personas pueden incluir las siguientes:

- ¿Qué valoran?
- ¿A qué temen?
- ¿Qué preocupaciones ocupan su mente?
- ¿Cómo le dan sentido al mundo?
- ¿Qué preguntas se hacen?
- ¿Cuáles son sus horarios, cuáles son las rutinas de su tiempo?
- ¿Cómo está compuesto su círculo de relaciones?
- ¿Cómo ocupa su tiempo libre?
- ¿Cuáles son sus sueños?
- ¿Qué les da alegría? ¿Qué celebran?

La verdadera empatía requiere una conexión, una preocupación compartida y una relación. Identificar a quiénes creemos que son nuestro público elegido para nuestro ministerio nuevo, requiere que vayamos más allá de las conexiones transaccionales a las relaciones genuinas. Significa desafiar nuestras suposiciones y salir de nuestras propias zonas de confort, para poder escuchar y comprender de verdad a las personas que creemos que Dios nos llama a servir. Para las personas de raza blanca, también significa dejar de lado nuestro propio instinto colonial y el daño que esa visión del mundo ha dejado en nuestro marco teológico. De este modo, estamos más capacitados para acercarnos a las personas a las que creemos que Dios nos llama desde una actitud de servicio humilde. Podemos ser conscientes al elegir escuchar y tratar de comprender para poder comunicar y encarnar la gracia de Dios de una manera que sea convincente y significativa dentro del contexto local[5].

CONSTRUIR PUENTES DE COMUNICACIÓN CON LAS PERSONAS QUE ALCANZAMOS

Kay Kotan

En el capítulo anterior, Matt Temple nos incitó a pensar en a quién queremos llegar. Con demasiada frecuencia, tratamos de llegar a todas las personas y, por tanto, no llegamos a nadie. O intentamos llegar a una población que no vive en la comunidad a la que estamos llamados a servir. Es importante identificar exactamente a *quién* queremos llegar, antes de pasar al ministerio de *cómo* llegaremos a esta población. Este es un camino no solo importante, sino también sagrado. A través de él, estamos diciendo: «Esto es lo que somos, recibimos la responsabilidad de alcanzar discípulos para Jesús; estas son las almas de las que nos responsabilizaremos».

A medida que nos hacemos una idea más clara de las personas a las que intentamos alcanzar, debemos convertirnos en expertos en conocer profundamente a estas personas. Por supuesto, necesitaremos saber su rango de edad, experiencias de vida, las ocupaciones típicas, la situación familiar, los tipos y tamaños y condición de familia y niveles de ingresos, el tipo de información demográfica de la que se puede disponer fácilmente. Pero también tendremos que profundizar: ¿Qué es lo que mantiene a esta comunidad en vela? ¿Qué celebran? ¿Qué les preocupa?

¿Cuáles son sus factores de estrés? ¿Qué les gusta hacer en su tiempo libre? ¿Cómo prefieren recibir información y comunicarse? ¿Qué piensan de la espiritualidad, la religión, la política? ¿Qué organizaciones apoyan? ¿A qué organizaciones pertenecen? ¿Cuáles son sus objetivos y aspiraciones?

No podemos dar por válida esta información. Tenemos que investigar y preguntar. No podemos asumir que los datos del año pasado siguen siendo válidos este año, sobre todo si se produce una pandemia que altere la vida de las personas. Además, debemos asegurarnos de que pensamos más allá de nuestras preferencias personales. Con demasiada frecuencia, pensamos que conocemos a nuestros vecinos y hacemos suposiciones sobre ellos, pero nuestras suposiciones resultan estar muy alejadas de la realidad. Esta situación es especialmente cierta si no vivimos en el barrio, o si no hemos vivido en él durante más de un par de años y/o no interactuamos con su comunidad. También se evidencia si no formamos parte de la comunidad de culto nueva. En resumen, un grupo de personas de la iglesia no puede sentarse en un círculo en la sala de reunión y mágicamente tener las respuestas sobre las personas a las que queremos llegar.

Hay una variedad de maneras de convertirse en expertos en conocer a nuestros vecinos. Hay que tener en cuenta que se trata de un proceso continuo. Vivimos en un mundo en constante cambio, por lo que tendremos que mantenernos al día en la información de la comunidad, identificando continuamente los cambios en las tendencias y demografía. La mejor manera de hacerlo es formando parte de la comunidad que tratamos de alcanzar. Si no vivimos entre su población, es de esperar que varios miembros de nuestro equipo sí lo hagan. Plantar una comunidad de culto nueva no es una labor de una sola persona, no es la labor solamente del pastor. Es el trabajo continuo de un equipo.

En el capítulo 5, Matt Temple mencionó algunas buenas fuentes de información demográfica. Con respecto a MissionInsite, asegúrese de buscar la información específica de su población demográfica o de enfoque. No basta con mirar las tendencias generales de la población en su barrio. Hay segmentos múltiples identificados en cada informe de MissionInsite que permiten una inmersión más profunda en el descubrimiento de información sobre su población objetivo. La información de los segmentos de datos puede indicarle a dónde le gusta viajar a un grupo demográfico en particular o qué medios de comunicación prefieren ver, junto con el tipo de actividades de ocio que disfrutan, por nombrar algunas. MissionInsite también tiene informes llamados Ministry Insights (Perspectivas del ministerio) y Religious Insights (Ideas religiosas) que revelan lo que las personas residentes de su de su vecindario piensan sobre la religión organizada y qué tipo de ministerio u otros programas pueden ser valiosos para ellas. Por supuesto, tendrá que comprobar esta información a través de conversaciones de la vida real. Este tipo de herramientas son muy valiosas y pueden darle una gran ventaja a la hora de identificar y comprender a su población objetivo a un nivel más profundo.

Estos datos le proporcionarán algunas pautas sobre sus vecinos que podrá comprobar en conversaciones reales y mediante la exploración. Debe compartir con las personas a las que intenta llegar para para conocerlas realmente. Matt se refiere a esto como «información de los participantes»; yo me refiero a ella como «información de proximidad». Salga a conocer a la población a la que se dirige con un sentido de curiosidad profundo: ¿Qué les motiva? ¿Qué les molesta? ¿Qué les divierte? A la gente le encanta hablar de sí mismos y contar sus historias; *reflexione sobre estas historias*. Haga muchas preguntas. Organice algunos grupos de discusión comunitarios con su población objetivo. Camine por la tienda de comestibles y ofrezca a la gente una tarjeta de regalo para una taza de café gratis, para hablar con usted durante cinco minutos. Se sorprenderá de lo que puede aprender. Si desarrolla y mantiene un proyecto con sus vecinos, la gente puede empezar a pasar el rato juntos después de completar las tareas. Siempre que la gente se quede a conversar después de finalizar un proyecto o un evento, quédese y pase el rato con ellos, ¡escuche y aprenda!

A medida que conozca mejor a su población de interés, por supuesto buscará tender puentes con ellos en el plano relacional. ¿Cómo se hace esto? Utilice la información que ha aprendido a través de los diversos medios anteriores. La comunidad se creará de forma natural en torno a las necesidades, deseos y pasiones de la población objetivo.

He aquí un ejemplo. Digamos que su población objetivo tiene una cierta pasión por marcar la diferencia en la vida de su comunidad. Por medio de las conversaciones con las personas de la comunidad, descubra un terreno común en cuanto al deseo de revitalizar un parque urbano en el barrio. Esta pasión se convierte en la causa. Entonces, se construye una comunidad en torno a esta causa para darle solución. Alguien de la iglesia se asocia con alguien de la comunidad. Juntos forman un equipo pequeño. El equipo se reúne para desarrollar una estrategia. A continuación, el equipo comienza a crear asociaciones dentro de la comunidad y a construir en torno al objetivo que les inspira, con una participación mayor de la población objetivo. Se celebra un día de reunión, en el que un grupo de personas muy dinámico se reúnen para empezar a reparar y embellecer el parque, en colaboración con la ciudad, la iglesia y las empresas cercanas. Se organizan equipos de trabajo a través de los cuales se intercambian nombres y se establecen relaciones. Pronto, diferentes partes de la comunidad se cruzan de forma rutinaria en el parque. El equipo de lanzamiento de su nuevo servicio de culto está involucrado en todo el proceso, reunido y construyendo relaciones con los equipos de trabajo y los miembros de la comunidad. El servicio nuevo de culto se lanza en el parque de la ciudad, donde todas las personas celebran el haberse unido en torno a su pasión compartida a través de esta causa y comienzan a decidir el siguiente proyecto de embellecimiento para realizar juntos.

He aquí otro ejemplo. Esta vez, la información demográfica y las conversaciones revelan que la población en la que se centra está formada por adultos solteros de 25 y 30 años que buscan una comunidad. Están ocupados comenzando sus carreras u ocupando puestos corporativos de gran importancia, trabajan muchas horas a la semana. Las relaciones son difíciles de construir, especialmente porque pocos de estos grupos son originalmente de «la zona». Su investigación revela que la mayoría de los miembros de este grupo de interés utilizan Instagram como su canal de medios sociales preferido. Sus áreas de mayor pasión e interés incluyen los viajes y la cerveza artesanal. Por lo tanto, usted realiza una serie de publicaciones en Instagram (con suerte, revisado por una persona de marketing que es miembro de la misma población de interés) para un grupo nuevo de profesionales jóvenes de 25 o más años interesados en los viajes, para que se reúnan en el establecimiento local de cerveza artesanal. El grupo puede conocer a otras personas, hacer amigos nuevos, compartir historias de viajes y probar la cerveza local artesanal.

Esa es la idea. Nos encontramos con la gente donde está, haciendo lo que les gusta hacer. Los tiempos en que la gente buscaba específicamente una iglesia o acudían automáticamente a nosotros, se han acabado. Debemos convertirnos en misioneros en nuestras propias comunidades y primero construir relaciones auténticas con las personas para construir confianza con ellas, muy probablemente antes de que quieran ser parte de nuestra congregación en la iglesia.

Cuando estoy tratando de llegar a personas nuevas para lanzar un servicio nuevo de culto, una iglesia o un grupo nuevo, me gusta pensar en la construcción de relaciones como un camino de tres vías:

- La primera vía es la relación personal, de tú a tú. ¿Cómo se desenvuelve en su vida diaria? ¿Se detiene lo suficiente como para observar y conocer gente nueva, ser amigable y ofrecer bendiciones? Muy a menudo, tenemos tanta prisa que nos ponemos vendas en los ojos y ni siquiera nos fijamos en la gente que nos rodea. ¿Quién es una nueva persona que usted está tratando de conocer en esta temporada y construir una relación, para tener la oportunidad de compartir su historia de fe? Como discípulos, estamos llamados a hacer discípulos.

- La segunda vía es lo que yo llamo el «acercamiento del codo» o enfoque de grupos pequeños. Por ejemplo, piense en sus vecinos. ¿Los conoce a todos? ¿Y a sus compañeros de trabajo? Con demasiada frecuencia no conocemos a las personas que nos rodean. Reúna a sus vecinos para una barbacoa en el barrio, un concierto o juegos de mesa para crear relaciones sociales. Como gente de la iglesia, a menudo pasamos todo nuestro tiempo con otras personas de la iglesia y no ampliamos nuestras de relaciones. Nuestra visión del mundo se vuelve limitada –y tal vez incluso sesgada– a medida que nos desconectamos más y más de las mismas personas que estamos llamados a alcanzar para Jesús.

- A la tercera vía le llamo eventos puente. Mientras que la primera es una relación uno a uno, y la segunda es a través del marco de referencia de un grupo pequeño, este camino es un evento de toda la iglesia. Un evento puente con el único propósito de construir relaciones con las personas que no asisten a la iglesia. Debe ser una «zona *P* libre»: No se predica, sin oraciones, sin presión y sin libros de bolsillo. Un evento puente debe celebrarse fuera de los muros de la iglesia y, preferiblemente, no en los terrenos de la iglesia. La idea es crear un espacio seguro, cómodo y sin presiones, en el que las personas de su comunidad que no asisten a la iglesia puedan pasar un buen rato y donde todos puedan comenzar a construir relaciones auténticas con las demás personas.

Hay algunas advertencias para llevar a cabo buenos eventos puente. No son difíciles de realizar, pero hay que identificar claramente el propósito del evento, los resultados previstos y los planes de seguimiento. Por ejemplo, ¿quiénes de los miembros del equipo tomarán apuntes y harán un seguimiento personal después del evento para continuar estableciendo relaciones con los asistentes? Además, es necesario contar con un equipo de oración entre bastidores. Si bien no hay una oración pública para un evento puente, este debe estar bañado en oración desde el principio hasta el final. Entienda que, si usted no puede reunir un equipo de oración para apoyar el evento, no está listo para realizarlo o para lanzar un servicio de adoración nuevo.

A menudo en un evento, tendremos a todas las personas voluntarias disponibles asignadas a diversas «tareas». Sin embargo, también olvidamos que el trabajo más importante en cualquier evento de puente es extender una muy buena hospitalidad: ¿Quién se relaciona con los invitados, se aprende sus nombres, pasa tiempo visitándolos y construye relaciones? A veces estamos tan ocupados con los quehaceres del programa (asando perros calientes, organizando la logística, etc.) que, sin querer, ignoramos a nuestros invitados. Debemos recordar el porqué del acontecimiento: El propósito de un evento puente es construir relaciones, por lo que este debe seguir siendo nuestro principal objetivo[1].

Los puentes son sistemas de transporte bidireccionales que cruzan una superficie con agua o un precipicio, facilitando el paso que de otro modo sería imposible. Pero, con demasiada frecuencia, en la iglesia tratamos estos sistemas de transporte como si fueran unidireccionales, esperando que la comunidad viaje a través del puente hacia nosotros, la iglesia. La comunidad puede ver el puente hacia la iglesia como intransitable para ellos, debido a todo el equipaje (como heridas, hipocresías, dolor y suposiciones posmodernas) que obstruyen sus carriles de circulación. Para ser la iglesia de mañana, tenemos que pensar que el puente es de doble sentido: primero, salimos de la iglesia, cruzamos el puente y vamos a la comunidad para construir relaciones intencionales y auténticas con la gente de allí. En segundo lugar, cruzamos el puente, codo con codo, de vuelta a la iglesia con nuestros nuevos amigos para presentarles a Jesús. Luego, podemos volver a cruzar el puente juntos, de vuelta a la comunidad, para conocer a más personas donde están, construir más relaciones y encontrar las oportunidades para presentarles a Jesús.

En los próximos tres capítulos, veremos las dimensiones de la cultura comunitaria de la comunidad que son esenciales en una iglesia próspera: la oración, la invitación y el compromiso con la comunidad. El ADN de las iglesias prósperas variará de una a otra, dependiendo de la cultura y del llamado de Dios, pero estos tres capítulos se centrarán en los hábitos de vida de la iglesia que deberían ser universales. Cuanto antes establezcamos estos hábitos en la vida de nuestra comunidad nueva de fe, más probable será que se fortalezca esa comunidad y le permitan convertirse en un conducto de bendición para muchas personas.

7

DESARROLLAR UNA CULTURA DE ORACIÓN

Bener Agtarap

Comenzar una comunidad de fe nueva es una tarea desalentadora. Vemos que los plantadores de iglesias se enfrentan a más desafíos que antes. Vivir nuestro llamado a la conexión de nuevas personas con el amor de Dios en Jesús, puede ser abrumador. Algunos de estos desafíos son de naturaleza menor y se pueden resolver en un período corto de tiempo. Otros desafíos son más serios y significativos, suponen una gran presión y carga para los líderes y equipos plantadores de iglesias, lo que dificulta el avanzar con confianza y funcionar de forma saludable.

Aunque plantar una comunidad nueva de fe nunca es fácil, la plantación de iglesias es una de las experiencias más emocionantes y gratificantes para mí y la vida de muchas otras personas.

Mi primera iglesia la planté en Manila, Filipinas, como laico, en 1984. En ese entonces, tenía una formación limitada, casi ninguna experiencia y muy poco apoyo de mi denominación. Me encontré con múltiples desafíos que no tenía ni idea de cómo manejarlos. Con el tiempo, descubrí tres problemas universales que yo y otras personas plantadoras de iglesias de todo el mundo enfrentamos cada día: el exceso de trabajo, abrumarse y cansarse. Este golpe triple puede noquearnos.

¿Qué debemos hacer para mantenernos activos e involucrados en la plantación de iglesias? La mejor manera de no perder el camino, es estar en conexión con una fuente real y fiable de fuerza, paz y esperanza: Dios. Y, la forma de permanecer en conexión con Dios es a través de la oración. No sé cómo podría sobrevivir a un inicio espiritual en mi vida sin la intensión deliberada de oración. Jesús sabía que necesitaba estar unido a Dios. Oraba, día y noche, como una parte esencial de su rutina. Los discípulos vieron lo que la oración hacía por Jesús y le pidieron que les enseñara a orar (ver Mateo 6:5-15; Marcos 11:25; Lucas 11:1-13). Si está plantando un nuevo ministerio, le animo a aprender a orar como Jesús enseñó a sus discípulos.

¿Qué vieron los discípulos en Jesús que les hizo pensar que la oración podía ayudarles a afrontar los retos que se les presentaban? ¿Creían que la oración les ayudaría a ser más como Jesús y, por tanto, más como Dios? ¿Cómo veían que la oración los beneficiaba en medio de los desafíos? Pienso que, cuando los discípulos empezaron a enfrentarse a algunos retos como seguidores de Jesús, simplemente se dieron cuenta de que necesitaban más de lo que tenían y más de lo que podían hacer como seres humanos, tanto individual como colectivamente.

Mientras nos comprometemos a lanzar un programa nuevo, pidamos a Jesús que nos enseñe a orar también, como enseñó a sus primeros seguidores. Jesús comenzó con Dios. Jesús comenzó su ministerio terrenal yendo al desierto a orar. No comenzó su ministerio en plazas públicas, haciendo milagros, enseñando, predicando, curando a los enfermos o comiendo con los pecadores. Jesús inauguró su labor misionera con la oración. Esto no solo le dio fuerza, sino que también le ayudó a discernir y a mantenerse centrado en las direcciones particulares en las que Dios le guiaba.

Como ávido jugador de billar, puedo decir que ganar en el billar (o simplemente disfrutar del juego) comienza con el entrenamiento y la preparación. Como abuelo nuevo de una nieta hermosa, puedo afirmar que la preparación para llevar a esta pequeña criatura por primera vez en el auto es vital para un viaje agradable. Como plantador de iglesias experimentado, puedo decir que la oración es la preparación más importante para el trabajo de lanzar una comunidad de fe nueva.

Cuando piense o sueñe con lanzar una nueva comunidad de culto para personas nuevas, tiene que preguntarse: *¿Cómo forma esta comunidad nueva parte de la visión de Dios? ¿Cómo puede servir mejor a la misión de traer más personas al amor de Dios? ¿Cómo puedo prepararme y preparar a mi equipo para lanzarla?* Pasar tiempo en oración, ciertamente le ayudará a responder algunas de estas preguntas. A medida que ore continuamente por esta propuesta nueva, encontrará claridad en sus razones para hacerlo y estará más preparado para llevarla a cabo con esperanza y resiliencia. En muchos casos, hoy en día, los plantadores están probando nuevas estrategias e incluso redefinen la iglesia para un nuevo contexto. Esta innovación comienza con el Espíritu Santo y la oración es un medio fundamental para descubrir los planes nuevos que Dios desea hacer realidad.

Cuando comenzó a planificar cómo vivir la visión de Dios de una comunidad nueva, empezó a pensar en algunas formas creativas de conexión con la gente y hacer que se entusiasmen con esta visión. Comenzó a buscar relaciones. Mientras piensa en estas relaciones diferentes, es probable que también dedique una cantidad de tiempo considerable pensando en los sistemas y las estructuras, estableciendo objetivos, asegurando la financiación y así sucesivamente. El explantador de iglesias Junius Dotson tiene un consejo para considerar, que escribió en su libro *Reinicio del alma:* «Aprendí rápidamente que equilibrar las demandas institucionales y el deseo genuino de querer que la gente conozca a Jesús sería una tarea difícil. Cuanto más caminaba por la línea entre esos dos objetivos, más estresado y abrumado me sentía»[1]. Si se encuentra en este mismo punto crítico de su recorrido espiritual, puede ser un buen momento para tomar un descanso. Vaya durante varios días a un lugar alejado del mundo de la plantación de iglesia. Encuentre un lugar para usted, y cree un tiempo para estar plenamente presente con Dios. Invite a su cónyuge o compañero de ministerio a orar con usted. En algún momento, después de su regreso, también necesitará orar con los miembros de su equipo de lanzamiento. Ore sin cesar.

A los 33 años (después de pasar 10 años como pastor local), fui nombrado por mi obispo para servir como superintendente de distrito de las iglesias Metodistas Unidas, en la zona suroeste de Manila.

El obispo Emerito Nacpil me pidió que lanzara una estrategia misionera agresiva para crear un nuevo distrito en la provincia de Cavite, al suroeste de Manila. En ese momento, ya tenía siete iglesias nuevas plantadas bajo mi liderazgo, así que tenía bastante confianza en el proceso de plantar nuevas comunidades de fe. Sin embargo, la idea de crear un distrito nuevo en campo misionero nuevo, era una gran responsabilidad. Esta tarea era mucho más grande de lo que yo creía que podía realizar como una persona líder. Si hay algo que realmente me hizo permanecer en la misión, es la oración. Después de seis años de trabajo arduo, el Distrito de Cavite se organizó con 58 Iglesias Metodistas Unidas nuevas, impulsado por el poder de la oración.

Hay cinco cosas que me gustaría que recordaran:

- **Entienda que la misión que realiza es para Dios. Usted es el líder, pero está recibiendo las órdenes de acción de Dios.** Mantenerte en contacto con Dios a través de la oración le dará la resistencia que necesita para perseverar, incluso en medio de la oposición y los obstáculos. En todo lo que haga y en todas las etapas a lo largo del camino de la plantación de iglesias, asegúrese de realizarlo como una expresión fiel de su conexión con Dios en la oración.

- **Hacer de la oración una prioridad lo llevará a lograr resultados mayores, a menudo más allá de sus planes, sus objetivos y su imaginación.** Rachel Gilmore y su iglesia nueva en Virginia estaban en el proceso de transición de reunirse en un teatro a pasar a su primer espacio alquilado y todas las predicciones decían que la mudanza llevaría a un declive en la vida de la congregación. Durante el proceso de renovación de su nuevo espacio, las personas miembros de la iglesia se reunían tres veces a la semana para orar y pintar. Cuando iniciaron el culto en su nueva ubicación, se dieron cuenta de que su número de feligreses había crecido en más de un 20%. La iglesia lo celebró y atribuyó su crecimiento al poder de la oración.

- **La oración es el trabajo de toda la congregación**. La gente de la Iglesia Metodista de Bupyeong cree en este principio. No es de extrañar que esta iglesia haya crecido hasta convertirse en una de las mayores de Corea del Sur. En su testimonio, el reverendo Eun-Pa Hong nos dice que mantener la oración en el centro de la vida de la congregación es la clave para la vitalidad y el crecimiento de esta iglesia. Su práctica es la oración durante varios días, acompañada de un ayuno de 40 días, antes de emprender cualquier tipo de ministerio o proyecto, ya sea de construcción multimillonario o el apoyo a una congregación nueva en la India. Cada día, los 365 días del año, un promedio de 400 a 500 personas acude al santuario de la iglesia a las cinco de la mañana para orar. Creen que, sin la oración, no pueden hacer nada, pero que todo es posible gracias al poder de la oración.

- **El silencio les ayudará a mantener la concentración en su misión**. Me involucré en el ministerio del campus en la universidad. Una de las prácticas espirituales de nuestro grupo era lo que llamaban «tiempo de silencio». Era un tiempo designado para leer las escrituras y escuchar a Dios a través de la oración. La disciplina requerida es estar en silencio para poder escuchar claramente la voz de Dios a través de la inspiración de las escrituras y el Espíritu. Cuando se lanza un nuevo ministerio, habrá desafíos constantes. Es muy fácil distraerse y perder la concentración en el enfoque de la misión. Después de un largo día o semana de ministerio, habrá agotamiento, frustración y a veces incluso confusión. La oración por sí misma no arreglará todos sus problemas de una vez. Pero cuando se detiene con calma ante Dios a través de la oración, puede tener un acercamiento más realista a la hora de resolver sus problemas; puede tener la humildad para aceptar los fracasos como oportunidades para madurar en la fe y en su liderazgo; puede acoger las críticas con una mente abierta y con la voluntad de mejorar; y sus acciones se convierten en una expresión de la voluntad de Dios, que es lo verdaderamente relevante.

- **Ore en los momentos de alegría y no solo cuando sienta las dificultades**. La plantación de iglesias no se trata de dificultades o desafíos. También aporta mucha alegría a todas las personas involucradas. Hace unos años, mi esposa y yo, junto con dos de nuestros amigos de la familia, iniciamos una nueva comunidad de fe en el salón de nuestra casa en Sacramento California. A medida que fuimos creciendo, trasladamos nuestro lugar de reunión a la planta baja del centro de conferencias de los Metodistas Unidos en el oeste de Sacramento. Hay muchas historias que podría contar sobre esta nueva iglesia, pero el recuerdo que más se destaca es cuando dimos la bienvenida a una madre soltera y a su hijo para que se unieran a nuestra iglesia. El Obispo Warner Brown administró el sacramento del bautismo y los recibió como miembros de toda la comunidad cristiana. En unísono, los líderes de nuestra iglesia y la congregación elevaron nuestra oración de alabanza y agradecimiento a Dios. Con cada victoria en la vida de esta iglesia nueva, oramos con gran agradecimiento. Orar juntos por las bendiciones de Dios, pequeñas o grandes, nos recuerda continuamente que esta comunidad nueva es una creación de Dios.

A través de la oración, nos unimos con el corazón de Dios y con la forma en que Dios se mueve en nuestro tiempo. Y a partir de ahí, continuamos nuestra misión de acercar a todos los hijos de Dios con Jesús, que es la revelación perfecta del amor de Dios.

8

DESAROLLAR UNA CULTURA DE INVITACIÓN

Kim Griffith

Comencé a escribir este capítulo del libro en enero de 2020, cuando ninguno de nosotros podía imaginar que los edificios de la iglesia pronto estarían cerrados durante muchos meses en adelante. Ahora, al experimentar la respuesta de la iglesia a la pandemia mundial de COVID-19, hemos aprendido que podemos crear una cultura de la invitación, incluso cuando no nos reunimos en persona. Ya sea que le pidamos a los feligreses que se reúnan con nosotros en persona o que se conecten digitalmente, la razón de nuestra invitación sigue siendo la misma: queremos presentarle a Jesucristo a nuestras amistades y familiares. Queremos invitarlos a una comunidad donde puedan encontrar un lugar al que llamar hogar y ser parte de la transformación de su barrio comunidad y el mundo.

Invitar a la gente a la iglesia se ha convertido en una tarea más complicada en el siglo XXI. Francamente, no somos muy buenos en esta asignación. El obispo metodista unido Bob Farr, calcula que un miembro promedio de la Iglesia Metodista invita a alguien a la iglesia una vez cada 38 años. (Sí, ¡ha leído bien!) entonces, ¿qué es lo que hace que extender una invitación sea tan difícil? En particular, ¿qué es lo difícil de invitar a alguien a unirse a una actividad que ha sido tan decisiva en nuestras propias vidas?

La pandemia reveló algunas tendencias interesantes. Las iglesias que contaban con una asistencia en persona de 40, 50 o 100 personas veían cómo de repente su número se duplicaba y triplicaba cuando pasaban al culto en línea. En conversaciones con pastores y miembros de iglesias, descubrimos que a muchas personas les resultaba más fácil invitar a la gente a ver un servicio en línea que pedirles que vinieran a la iglesia en persona. Publicar un enlace para unirse a un servicio, organizar fiestas virtuales para ver el culto y conectar a las amistades virtualmente con sus iglesias, abrió la puerta a invitaciones que quizá nunca se hubieran producido en persona.

Al considerar cuál será nuestra invitación a nuestros amigos y vecinos, debemos utilizar todas las opciones disponibles. Podemos aprovechar el espacio en línea que nos permite invitar a distancia, y también podemos aprender a compartir nuestra historia en persona con amistades y vecinos.

A la hora de elaborar su invitación, tenga en cuenta estos aspectos clave.

En primer lugar, las invitaciones tienen que ver con las relaciones. La gente vendrá a ver una nueva comunidad de culto, porque ha conocido al pastor y le gusta su visión de la iglesia o porque tiene una relación preexistente con alguien de ese lugar. Estas relaciones crean un puente hacia la comunidad. Nuestra invitación inicial surge de nuestro deseo de compartir el valor que hemos encontrado en la comunidad de culto con otras personas que valoramos. A menudo, descubriremos que las personas que invitamos vendrán por nuestra invitación y se quedarán porque se enamoran de la comunidad. En última instancia, el amor que presencian entre los miembros de la comunidad de culto es lo que les acerca a Cristo.

En el capítulo 3, Paul Nixon mencionó que los atajos nos están matando. Este es un punto crítico que hay que recordar sobre la construcción de relaciones. Para crear espacios seguros en los que podamos extender las invitaciones, primero debemos hacer la labor de construir relaciones y confianza con las personas de nuestros círculos sociales. A medida que piensa en las personas con las que se relaciona habitualmente (familia, amigos, compañeros de trabajo, su manicurista, peluquero, los miembros de su clase de zumba, etc.) querrá comenzar a desarrollar una historia/narrativa sobre su propia fe y sobre esta nueva comunidad de fe que usted cree que les atraerá. En el pasado, la mayoría de las veces, las personas que acudían a la iglesia se habían criado en ella o se habían convertido en cristianos y luego encontraban una iglesia a la que asistir. Hoy en día, las personas se conectan con nuevas comunidades de fe por una variedad de razones y con un conjunto diverso de experiencias o percepciones de la iglesia. Comprender su relato personal y su experiencia de la iglesia (o la falta de ella), puede ayudarle a compartir partes de su propia historia que les resulten más útiles.

Para ir al encuentro de las personas donde están y respetar su percepción de la iglesia, haga las siguientes preguntas:

1. ¿Se identifican como cristianos?
2. ¿Crecieron en la iglesia?
3. ¿Han experimentado juicios o dificultades con la iglesia en el pasado?
4. ¿Cuál es su percepción general de la iglesia?
5. ¿Cuál es la mayor necesidad en su vida en este momento, relacionada con la conexión a una comunidad?

En segundo lugar, elabore su historia. Piense en el capítulo 2, «¿Por qué, empezar una reunión nueva?». Considere sus respuestas a las siguientes preguntas:

1. ¿Por qué está iniciando esta comunidad de fe nueva?
2. ¿Por qué le emociona formar parte de este nuevo proyecto?
3. ¿Por qué querría pasar tiempo en la iglesia con usted?
4. ¿Encajaré y me sentiré bienvenido?
5. [*Si usted no es el pastor*] ¿Cómo es el pastor?

Utilizar las respuestas a estas preguntas para elaborar una historia, le ayudará a estar preparado cuando se presenten oportunidades para compartir sobre su comunidad de fe nueva. Por lo general, a la gente le encanta escuchar historias sobre lo que es importante para usted; cuanto más pueda compartir cómo su vida ha sido bendecida y/o transformada por esta comunidad, más probable será que otras personas estén interesadas.

Una vez que empiece a compartir su historia, puede que le sorprendan los resultados. Una de las experiencias más interesantes de invitación a la iglesia que he tenido, me ocurrió cuando me mudé a un barrio nuevo. Me estaba haciendo la manicura y le pregunté a la manicurista si iba a la capilla en algún lugar cercano al barrio. Me contestó que no era cristiana, pero que una de sus clientas siempre contaba historias muy inspiradoras sobre su iglesia y las cosas buenas que hacían por la comunidad. Luego, tomó su celular, llamó a esta clienta, le dijo que había conocido a alguien que buscaba una buena iglesia y le pidió que me hablara de su iglesia y me pasó el teléfono. De repente, estaba hablando con una mujer sobre su iglesia, y me invitaba a visitarla. Como esta mujer estaba tan entusiasmada con su congregación y dispuesta a compartir sus historias con la gente, había inspirado a una mujer no cristiana a conectar a la gente con su iglesia.

Pensar y escribir sus respuestas a las preguntas anteriores y sentirse cómodo compartiendo sus historias sobre su iglesia, le asegurará que está preparado para plantar semillas de interés que pueden conducir a invitaciones. Aunque esto puede parecer mucho más trabajo que simplemente pedir a alguien que venga a la capilla con usted, crea una atmósfera de confianza que le permite conectar genuinamente con la gente. Por desgracia, la iglesia tiene un problema de relaciones públicas. Muchas iglesias se encuentran hoy en día en el lado equivocado de la historia, en lo que respecta a sus posiciones sobre diversos temas y cuestionamientos sociales. Depende de nosotros disipar las dudas o el miedo que nuestras amistades, familiares y conocidos puedan tener sobre la conexión con nuestra iglesia. Puede ser importante para nosotros mostrar que nuestra congregación es notablemente diferente de muchas otras. Para aquellas personas que tienen poca o ninguna experiencia con la institución religiosa, pueden tener una imagen de la iglesia basada en lo que ven retratado en las noticias. Si bien las iglesias realizan una gran labor de divulgación en sus comunidades, lamentablemente, las imágenes que a menudo suelen aparecer en las noticias son las de las iglesias que insultan a la gente, apoyan a los políticos racistas o dicen a las demás personas que van a ir al infierno. Cuando compartimos las historias de nuestras comunidades y el amor y la gracia maravillosa, que cambian la vida que experimentamos dentro de la iglesia y a través de nuestra fe, empezamos a cambiar la narrativa de lo que algunas personas pueden asumir sobre la iglesia y los cristianos.

En tercer lugar, practique cómo compartir su historia. Para sentirse a gusto y preparado para compartir partes de su historia con amigos, vecinos y personas de su comunidad, tiene que practicar cómo compartirla. No compartirá siempre la misma versión exacta de su historia en cada situación o con cada persona. Por ejemplo, tendrá una versión más larga de la historia que podrá compartir con su familia y amigos cercanos; ellos ya confían en usted y probablemente estarán más abiertos a escuchar por qué esta comunidad nueva de fe es importante para usted y por qué quiere compartirla con ellos. En el caso de las personas conocidas, vecinas y los compañeros de trabajo, es posible que tengan menos tiempo para compartirles su historia y que estén menos abiertas a la invitación. Aquí es donde es importante elaborar relatos breves a partir de sus respuestas a las preguntas anteriores. Cuando aprovecha las oportunidades, a lo largo del tiempo, para compartir historias breves, genera confianza e interés. Una vez que la gente se da cuenta de que está compartiendo algo importante para usted (en lugar de intentar hacer proselitismo), estará más receptiva escuchar. Y con el tiempo, si están interesados en saber más, se sentirán cómodos pidiéndole más información.

En cuarto lugar, encuentre y cree oportunidades para compartir su historia. Una vez que haya elaborado su historia sobre la importancia que tiene para usted su fe (o su comunidad religiosa) y la forma en que ha afectado a su vida, considere la variedad de interacciones que tiene en su vida diaria como oportunidades para hacer conexiones. Al igual que la mujer del salón de manicura utilizó sus conversaciones con su manicurista para compartir el sentimiento de entusiasmo por su iglesia, tú también puedes tener conversaciones similares cada día. Haga una lista de los lugares donde se relaciona con otras personas de forma habitual; deben incluirse lugares como el trabajo, la escuela, el gimnasio, la peluquería, la piscina del barrio, su cafetería favorita y cualquier otro lugar en el que pase el tiempo. A continuación, piense en al menos una persona de cada lugar con la que espera establecer comunicación en los próximos meses. Puede que cada persona con la que se ponga en contacto no esté abierta a una invitación para asistir a la iglesia; pero algunas de ellas pueden relacionarlo con una de sus amistades que sí lo esté y entonces, como mínimo, habrá hecho una nueva amistad en su barrio.

En última instancia, el objetivo de iniciar una comunidad de adoración nueva es llegar a más personas y acercarlas a Cristo. Una congregación nueva de fe nunca se hará realidad sin que la gente invite a otras personas. Esta es nuestra tarea más importante. Crear una cultura de la invitación significa que se espera que cada persona de la comunidad de fe comparta su historia e invite a la gente a unirse, no solo al principio sino a lo largo de la vida de la iglesia. Siempre hay una persona nueva a la que podemos invitar. Acostúmbrese a pedir a la gente que comparta los nombres de las personas a las que espera invitar. Orar colectivamente sobre sus nombres, les recordará que el Espíritu Santo ya está trabajando, preparando sus corazones.

Ya sea en línea o en persona, tómese el tiempo necesario para sentarse a dialogar con las personas de su vida a las que espera relacionar con su nueva comunidad de fe. De el primer paso compartiendo su historia y empiece construir un puente hacia una invitación.

9

DESARROLLAR UNA CULTURA DE COMPROMISO CON LA COMUNIDAD

Paul Nixon

En los dos capítulos anteriores, mis amigos Bener Agtarap y Kim Griffith se centraron en dos hábitos claves en la vida de una comunidad de fe próspera: la oración y la invitación. *Nunca* he visto que una comunidad de culto nueva se establezca bien sin una dinámica de oración fuerte. *Rara vez* he visto una comunidad de culto nueva prosperar sin que haya muchas invitaciones para unirse a ella.

Pero, he capacitado algunos pastores de plantación de iglesias que oraron constantemente y aun así sus iglesias no pudieron despegar. Y he visto a muchos equipos tratar de reunir a sus miembros para invitarlos y, sin embargo, poco o nada de invitación ocurrió. En estos casos, casi siempre faltaba una pieza: yo llamaría a esta pieza faltante *compromiso con la comunidad*. El marido de Kim, Jim Griffith, suele llamar a la plantación de iglesias «un deporte de contacto». Pero si hay un compromiso inadecuado con la población local, la gente de la iglesia puede tener problemas para entrar en contacto con las personas que serían bendecidas para compartir en una comunidad nueva de fe.

Cada vez que tropiezo con una serie divertida en Netflix o Amazon, no puedo callar sobre ella. Es normal que nos entusiasmen las cosas de la vida que nos dan alegría. Sin embargo, cuando se trata de la iglesia, el entusiasmo a menudo se detiene, especialmente para las personas de la congregación que llevan mucho tiempo participando. He observado en una variedad de culturas que cuanto más tiempo llevan las personas en una iglesia, menos probable es que inviten a alguien de su círculo social a compartirla. Es posible que sean personas de oración y espiritualmente afianzadas. Y seguramente les guste la idea de que su iglesia llegue a nuevas personas nuevas. Incluso podrían estar dispuestas a invitar a un amigo si, de hecho, pudieran pensar en alguien a quien invitar. Pero no se les ocurre nadie. A menudo, las personas que han estado dentro de las iglesias durante décadas eligen amistades que también han estado dentro de las iglesias durante décadas. O tal vez tengan algunos amigos con los que su amistad se construye en torno a algo distinto de la afinidad religiosa. En este último caso, es posible que no quieran poner en peligro la amistad introduciendo la religión en la relación.

La solución es aumentar considerablemente el número de personas con las que nos codeamos en la colectividad. En otras palabras, ¡tenemos que salir del edificio y salir de los círculos de la iglesia y sumergirnos realmente en la comunidad!. Las iglesias cuyos miembros hacen muchas amistades y aliados, descubrirán que las verdaderas conexiones siempre llegan a *alguna parte*.

Cuando un equipo planta una comunidad nueva de culto a partir de una iglesia madre grande y bien establecida, es fácil confiar en las relaciones internas y el impulso de la iglesia, y tomar un atajo para evitar el proceso necesario de las relaciones en la comunidad. Una iglesia bien establecida suele ser como un planeta extenso con una gran fuerza de gravedad. Tiene suficiente peso y visibilidad como para que la mayoría de las personas de la comunidad la conozcan. Puede atraer un flujo constante de personas nuevas simplemente a través de una buena presencia comunitaria, tanto en línea como con su programación ministerial. Por ello, el equipo de plantación puede estar contando con el impulso de su iglesia y la visibilidad en la comunidad para hacer la invitación por ellos. Siendo más preciso: en un lanzamiento nuevo de una comunidad de culto, cuanto más alejada esté la comunidad nueva geográfica o culturalmente de la iglesia madre, ¡más deliberado debe ser el desarrollo de relaciones y la colaboración comunitaria! La mayoría de las comunidades nuevas de culto no pueden plantarse como si fueran mega iglesias. Se pueden leer ciertos libros de instrucciones o ver ciertos canales de YouTube sobre cómo hacerlo y parece fácil; pero, es probable que usted no tenga el volumen de gente de una mega iglesia ni su presencia en la comunidad.

En el capítulo 6, Kay Kotan nos enseñó a patrocinar eventos puente, reuniones y proyectos que involucran a la población que nos rodea, creando un puente por el que pueden caminar personas nuevas, acercándose a la relación con la gente de la comunidad de culto. Pero en muchos casos, las iglesias no han invertido lo suficiente en la comunidad como para encontrar muchas personas dispuesta a cruzar un puente.

Una iglesia cercana a Baltimore quiso aprovechar su día de campo anual y convertirlo en un evento de la comunidad, con el propósito de crear vínculos con los vecinos. Esto, en sí mismo, era encomiable. Trasladaron las parrillas, las mesas de festival y el castillo inflable del patio trasero de la iglesia al área delantera, para que los vecinos pudieran verlo todo y sentirse bienvenidos. Los miembros de la iglesia fueron de casa en casa en el barrio, repartiendo folletos y colgantes en las puertas para anunciar el festival. Y en ese primer año de este nuevo evento comunitario, asistieron 16 personas que no eran miembros de la iglesia. Sin embargo, en el segundo año, la iglesia dejó de distribuir los colgantes en las puertas, y no asistió ningún residente de la comunidad aparte de los miembros de la iglesia. La congregación de la iglesia entonces decidió: «Lo intentamos y no funcionó».

Me reuní con los líderes de la iglesia y me sorprendió que no hubiera venido absolutamente nadie de la comunidad al festival. Luego, presioné un poco: «¿No vinieron ni siquiera con castillo inflable grande y luminoso en el patio delantero?». Respondieron: «No». Entonces pregunté: «¿Qué pasa con los vecinos?». A lo que una mujer respondió con un tono tenso en su voz: «Están todos drogados». Lo medité un momento y luego sugerí: «Pero incluso a la gente drogada le gustan los festivales y a sus hijos les gustan los castillos inflables». Pasó un momento de silencio y entonces pregunté: «¿Han pedido la colaboración de algún vecino en la planificación? Hay una escuela al final de la calle, una estación de bomberos, un estudio de danza... Los vi esta mañana mientras conducía hacia aquí». «¿Hablaron con alguno de ellos sobre la posibilidad de asociarse en la actividad?». «No». «¿Ayudó algún vecino de alguna manera en la planificación y ejecución del evento?». «No».

Ahí estaba el problema: este evento había sido otra de esas actividades en las que unos cuantos buenos feligreses, enclaustrados en la sala de conferencias de la iglesia, intentaban discernir místicamente lo que los vecinos esperaban sin hablar realmente con ninguna persona miembro de la comunidad ni invitar a ninguno de ellos a la planificación. Mientras tanto, los vecinos leen todo tipo de señales procedentes de la iglesia, algunas intencionadas y otras inconscientes, que les dicen que esta iglesia es una organización privada, solo para miembros, una especie de universo paralelo, en el que siempre serán extraños.

En esta tercera década del siglo XXI, las iglesias rara vez tendrán éxito en el inicio de un nuevo ministerio a menos que puedan determinar cómo construir una relación de colaboración con las personas, fuera de los muros de *la iglesia tal como existe actualmente*. **Una comunidad de fe surge y se desarrolla alrededor del liderazgo que usted convoca.** ¿Quiere una iglesia para personas que no van a la iglesia? Entonces será mejor que consiga que alguna persona que no haya ido a la iglesia hasta hace poco, sirva en el equipo de lanzamiento. ¿Quiere una iglesia para todas las generaciones? Será mejor que incluya un buen cmaestro o muestra de adultos jóvenes en el equipo. ¿Quiere una iglesia con varios matices políticos? Haga el ejercicio de reunir ese tipo de comunidad en su mesa de liderazgo. Y esto es válido para las nuevas comunidades de culto en general: cualquiera que sea el grupo demográfico que imagina que, fluyendo su nueva comunidad, construya relaciones con la gente de ese grupo demográfico. Trabaje con ellos; juegue con ellos; solucione problemas con ellos; y, finalmente, consiga que esas personas sirvan como miembros del equipo que está planificando y creando su nueva comunidad de culto.

Su ministerio crecerá en la dirección demográfica del círculo de su equipo de lanzamiento. Y hasta que no pueda convocar un equipo de lanzamiento que se parezca a la comunidad de adoración que desea reunir, es posible que no esté preparado para lanzar dicha comunidad.

Si trabaja en un territorio en el que la religión organizada tiene mala reputación, su primera colaboración con la comunidad puede tener que ser algo extremadamente centrado en la comunidad, en lugar de en el culto. Encuentre una causa de bien que resuene con la gente local, y organícese con ella para esa causa. Aún mejor, si alguien ya está organizando la comunidad, preséntese a su grupo. Lleve voluntarios. Haga amistades participando en algo relevante para la localidad. Conozca a los impulsores que anhelan un mundo mejor y que también hacen algo al respecto. Aprenderá mucho y conocerá a muchas personas de interés. Y entre las personas que conozca, tendrá un círculo mucho más amplio para formar un equipo de lanzamiento para la comunidad de culto que deseas plantar.

Rodrigo Cruz es el pastor de The Nett Church[1] en el condado de Gwinnett, de Georgia, al noreste de Atlanta, una organización que es, por diseño, una iglesia multiétnica. Antes de que Nett pusiera en marcha un servicio de culto semanal, iniciaron el hábito de reunirse para servir a la comunidad de forma regular. Para muchas personas, un evento de servicio a la comunidad ofrece una oportunidad mucho más fácil de invitar a un amigo no religioso «a la iglesia». Cada cuarto domingo del mes, The Nett Church despliega a su gente en la comunidad a través de una variedad de equipos para proyectos de servicio el domingo por mañana. Y el domingo de servicio a la comunidad, se les unen en estos proyectos de servicio a la comunidad los miembros vecinos de la fe islámica. En el transcurso de este trabajo compartido se forman nuevas amistades. A veces, un proyecto misionero es un primer paso más fácil en una comunidad de fe para muchas personas. Pero, aunque The Nett Church organice y facilite estas jornadas de servicio a la comunidad, la iglesia cuenta con que sus miembros aprovechen la oportunidad de invitar a otras personas que crean que encontrarían sentido en el servicio al prójimo.

De las nuevas relaciones surgen nuevas posibilidades. Al principio de la plantación de nuestra nueva comunidad de culto en el noroeste de Florida, un grupo muy motivado de nuestros miembros de la iglesia creó un evento de karaoke cristiano los viernes por la noche en el lugar donde nos reuníamos los domingos. Ahora, el karaoke no es algo que disfrute, pero nadie estaba diciendo que tenía que dirigirlo yo mismo o incluso asistir. Este motivado y entusiasta grupo de miembros de la iglesia podía organizarlo mejor que yo, y podían invitar a sus amistades. A menudo asistían 75 personas al evento.

Quizá su iglesia pueda organizar una fiesta en el barrio o algún tipo de evento que coincida con Halloween. Si es así, invite a otras organizaciones de la comunidad a formar parte del equipo de diseño. Organice el evento en algún lugar fuera de la iglesia, si considera que eso puede ayudar. Ofrézcase para que su iglesia dirija el escenario principal, dando la bienvenida a la gente y presentando varias actividades y/o actuaciones. Este tipo de evento ofrece la oportunidad de presentar a la comunidad en general la visión de su iglesia y su aprecio por la diversión. Sin embargo, recuerde que una fiesta de barrio no es una reunión de culto ni un picnic de la iglesia; es un acontecimiento comunitario que no tiene como objetivo principal la confraternidad de la iglesia, sino más bien el establecimiento de relaciones entre los vecinos.

En todos los casos, es una gran práctica pedir a los miembros de su equipo de lanzamiento y a otras personas participantes de su comunidad de culto emergente que se involucren en proyectos de misión y de construcción de relaciones comunitarias para hacer algunas amistades nuevas. Luego, después de unos meses, puede invitar a los miembros del equipo a hacer listas de cinco personas locales cada una por las que desee orar, y con las que buscará oportunidades para invitar y hacer conexiones. Estas listas pueden guardarse en su teléfono o en una tarjeta pegada en su nevera, en la parte superior de su escritorio o en el espejo de su baño. Cada vez que vea su lista, puede comprometerse a dedicar un minuto a orar por cada persona que hay en ella. Esto creará una sensación de compromiso e intencionalidad en sus relaciones. Y a cambio, aumentarán las posibilidades de que usted y sus compañeros miembros del equipo inviten a alguien.

La conclusión es la siguiente: las iglesias surgen de una matriz de relaciones comunitarias. A veces, una iglesia necesita desarrollar más relaciones, asociaciones y amistades dentro de su vecindario antes de que sus miembros se sientan cómodos invitando a alguien, y antes de que muchas personas se sientan cómodas aceptando dicha invitación. Si las iglesias desarrollan relaciones sólidas en sus comunidades y diseñan un nuevo ministerio con las personas a las que quieren servir, normalmente encontrarán más personas dispuestas a aceptar una invitación.

10

UTILIZAR LAS CONVERSACIONES CON LA COMUNIDAD PARA EXPANDIR EL ALCANCE

Kris Sledge

La iglesia ha cambiado para siempre. La pandemia reciente hizo obsoletos muchos métodos, estrategias y programas que antes funcionaban para traer personas nuevas a Jesús. Como líderes de la iglesia, empezamos a preguntarnos qué métodos nuevos necesitaríamos para compartir el mismo mensaje poderoso de la vida abundante de Jesús para todas las personas.

Reflexioné sobre los métodos nuevos que requeriría el ministerio durante este tiempo tan particular. Me comprometí a que nuestra visión central de amar a nuestros vecinos y traer a nuevas personas hacia Jesús no cambiaría. En la iglesia The Journey, en Harrisburg, Pennsylvania, donde sirvo como pastor principal, tomamos la decisión, similar a la de muchas otras iglesias, de crear una experiencia de adoración en línea, para reunirnos con nuestra comunidad de oración. Sin embargo, no me conformé con proporcionar *únicamente* una experiencia de adoración en línea para mi comunidad de la iglesia. No íbamos a detener nuestra convicción de crear la conexión de personas con Jesús durante los meses de incertidumbre. Necesitábamos orar y soñar con formas únicas de expandir nuestra misión en línea durante esta temporada.

Al orar y soñar, quedó claro que no podíamos esperar simplemente a que las cosas volvieran algún día a la «normalidad» para vivir nuestra misión. Decidimos audazmente que haríamos lo que fuera necesario, para llevar nuevas personas a Jesús en la era digital.

Opinión de expertos: una serie de conversaciones comunitarias semanales se convirtió en nuestra primera decisión audaz. Esta serie de conversaciones se derivó en una plataforma para que las personas líderes de la comunidad, los teólogos locales, consejeros, profesionales, líderes sin ánimo de lucro y expertos locales compartieran cómo entendían la temporada única de 2020 en la que nos encontrábamos. Lanzamos esta serie de conversaciones los domingos por la tarde, para crear un espacio en el que nuestros miembros actuales y las personas residentes de nuestra ciudad pudieran participar en conversaciones relevantes y escuchar a varios especialistas compartir sobre cómo entendían lo que estaba sucediendo durante la pandemia. En una temporada en la que mucha gente se cuestionaban la relevancia de la iglesia y de la fe cristiana, queríamos crear un espacio aparte de los domingos por la mañana para mantener conversaciones sinceras sobre lo que estaba ocurriendo en nuestra zona local y en el mundo. No queríamos simplemente sobrevivir a la pandemia, sino que estábamos convencidos de que podíamos prosperar y despejar el camino para una conversación y una comunidad reales y vivificantes.

Nuestra intención para estas conversaciones iba más allá del nivel de educación de los miembros de nuestra iglesia; nuestro principal deseo era aumentar el número de personas a las que llegaba nuestro ministerio. Esta aspiración nos llevó a utilizar una plataforma en línea llamada StreamYard, que trasladó nuestras conversaciones a nuestras plataformas de medios sociales. Con una marca, un logotipo y un marco coherentes, organizamos conversaciones que se compartieron en nuestra iglesia, nuestra ciudad y la región. Cada miércoles publicamos el nombre del orador y el tema del próximo domingo. Utilizamos los anuncios de pago de Facebook y animamos a la gente a invitar a amigos, familiares y líderes de la comunidad que pudieran estar interesados en un tema concreto para unirse a la conversación de esa semana.

La elección de los expertos a entrevistar en *Opinión de expertos* resultó ser extremadamente importante. Seleccioné a los invitados para hablar en *Opinión de expertos* basándome en tres criterios: su campo particular de experiencia, cómo desafiarían a nuestra iglesia y lo bien que conectarían con nuestra comunidad en general. Por ejemplo, he entrevistado al alcalde de Harrisburg, a un superintendente de escuelas, un periodista local, el comisario de policía, un presidente de universidad y un teólogo local por su capacidad para hablar de las realidades de nuestra ciudad y de los acontecimientos actuales. Estos invitados fueron muy relevantes tanto para The Journey como para la comunidad del Gran Harrisburg. La verdadera victoria llegó cuando el alcalde de Harrisburg compartió en Facebook el contenido de *Opinión de expertos*, tanto en su página personal como en la de la ciudad. Ahora, la conversación sería accesible no sólo para las personas que ya asistían a The Journey, sino para cualquier persona relacionada con nuestra ciudad. Empezamos a ver que otros residentes de la ciudad que no estaban relacionados con nuestra comunidad de culto, se sintonizaban con nuestras conversaciones semanales. *Opinión de expertos* se convirtió en una forma de que cualquier persona, independientemente de su fe o de su experiencia espiritual, escuchara y participara en conversaciones sobre nuestra ciudad, el mundo y la fe[1].

Por defecto, los líderes cristianos suelen utilizar las redes sociales y las conversaciones públicas, como un medio para hablar estrictamente de la fe o simplemente para anunciar los próximos eventos de la iglesia. Este criterio supone que los únicos temas relevantes para una iglesia son la fe, Jesús, la Biblia y los programas de la iglesia. Sin embargo, nuestra experiencia con *Opinión de expertos* nos ha demostrado que tanto las personas cristianas como las que no se identifican como cristianas, se benefician de participar en una conversación crítica. De hecho, *Opinión de Expertos* se ha convertido en parte del nuevo ritmo semanal de la iglesia The Journey y de nuestra comunidad en general. El número de visitas semanales a *Opinión de expertos* casi duplica el de nuestros servicios de culto semanales, ampliando rápidamente el abanico de personas en conexión con nuestro ministerio.

Empecé a transmitir en directo los domingos a las seis de la tarde a través de las plataformas de Facebook y YouTube de The Journey. Presentaba al experto de la semana y luego dedicaba unos 45 minutos a entrevistar a esa persona con preguntas que había elaborado y enviado con antelación. Antes de entrevistar al invitado, hablaba con él o ella para elaborar un marco provisional y una guía de debate para nuestra conversación. Cada conversación en directo tenía una estructura y un plan, pero también se mantenía abierta y flexible, en función de lo que compartieran los invitados y los comentarios y preguntas en directo. Cada invitado podía identificar de antemano cualquier tema o pregunta que estuviera fuera de los límites. Esto fue especialmente importante para los invitados que ocupaban cargos públicos en nuestra ciudad. A lo largo de la conversación, animaba a los espectadores a utilizar la función de chat para hacer preguntas y compartir sus opiniones. La gente empezó a experimentar un nivel de comunidad al sintonizar los domingos por la noche. El método era sencillo, y tanto las amistades nuevas, como las ya existentes volvían cada semana para aprender, hacer comunidad y comprometerse.

A medida que avanzaba, tuve que perfeccionar la forma de concebir esta serie comunitaria. A nivel meramente práctico, empecé utilizando un sistema complicado para transmitir la entrevista en varias plataformas de medios sociales. Era esencial utilizar una plataforma sencilla, pero productiva, que pudiera manejar a varios invitados y transmitir a otras plataformas. Como presentador novato de entrevistas, me inspiré en varias series documentales de Netflix. Para que coincidieran con mi personalidad, estas conversaciones debían tener un equilibrio entre la profundidad y la cercanía. Quería que cada persona que nos sintonizara pudiera tener un momento de reflexión y también reír a lo largo de la conversación. El formato permitía que quien visitara nuestras plataformas de redes sociales tuviera un asiento de primera fila para la conversación. Nadie tenía que conducir, pedir entradas por Internet o preocuparse por el parqueo para poder escuchar a nuestro alcalde, a los presidentes de las universidades locales, a los teólogos o a los consejeros. En cambio, estas conversaciones eran muy accesibles, disponibles en los hogares o automóviles de las personas o dondequiera que accedan a Internet.

En un nivel más profundo, el auge del movimiento en los Estados Unidos de Black Lives Matter en el verano de 2020 influyó en la dirección de *Opinión de expertos*. Cuando lanzamos nuestra serie de conversaciones, invitábamos a cada uno de nuestros expertos a compartir, desde el ámbito de su especialización, reflexiones relacionadas con la pandemia global. Pero ese verano nos dimos cuenta de que las horribles muertes de George Floyd, Breonna Taylor y Ahmaud Arbery (y tantas otras personas) influían en nuestra conversación cada semana. Independientemente de su profesión o experiencia, nos beneficiamos de escuchar a los líderes locales compartir cómo entendían y respondían a las continuas muertes de hombres y mujeres de raza negra en los Estados Unidos. Honestamente, me sentí profundamente conmovido al escuchar el corazón y el dolor de las personas que compartieron abiertamente sobre estas muertes trágicas. Todas las personas invitadas (negras, mestizas y blancas) hablaron en solidaridad con nuestros hermanos y hermanas de raza negra y ayudaron a proporcionar un marco para su propio pensamiento y compasión en esta temporada.

Un invitado, que asistió y ayudó a liderar todas las protestas y marchas de Black Lives Matter que se celebraron en nuestra ciudad y región, habló de sus experiencias como joven negro frente a la oposición cuando él y otras personas buscaban justicia. Ayudó a aclarar y decir la verdad sobre estas protestas locales, y nos dio una imagen de primera fila de lo que estaba sucediendo. Quienes sintonizaron este episodio pudieron hacer preguntas, buscar claridad y entender el corazón detrás de este movimiento, sin estar físicamente presentes en una marcha.

La ciudad de Harrisburg, donde ejerzo como pastor, es una ciudad «pequeña» de Pensilvania, de aproximadamente 50,000 habitantes. Este tamaño de la comunidad permite que la conversación local sea productiva e influyente. La gente se conoce bien. Rápidamente nos posicionamos como la congregación que se puso al frente en este tiempo. Esta serie de conversaciones se situó en el centro y facilitó la conversación entre cristianos fieles, profesionales locales y líderes; y activó la creatividad de nuestros espectadores para responder fielmente como portadores de amor y bondad en este momento particular de la historia.

Todo líder de iglesia puede convocar y construir una comunidad para ampliar su alcance. Todo lo que necesita es la voluntad de crear un entorno y una plataforma para que otra persona hable en la vida de su iglesia y su comunidad. Al principio, dudé en pedirle a alguien como nuestro alcalde que se uniera a nuestras entrevistas, pero si no lo hubiera hecho, nuestra iglesia y la comunidad en general se habrían perdido esta oportunidad por mi propio miedo. No tenga miedo, porque lanzar conversaciones comunitarias no es difícil. Le sorprenderá lo abiertas que están las personas líderes locales a compartir. Usted les está proporcionando una plataforma para llegar a un público más amplio. Tenga claro por qué quiere organizar estas conversaciones y a qué público van dirigidas. Piense en el ámbito local, sueñe con los invitados potenciales, identifique temas específicos de conversación, encuentre su voz y presencia en línea y empiece a invitar a las personas a compartir. Usted comenzará un proceso lento y leal de construir una comunidad. Esta labor sagrada tiene el potencial de ampliar enormemente la relación de su iglesia con su comunidad y habla de cómo la iglesia sigue siendo relevante hoy en día.

11

REUNIR A LA GENTE EN LA TEMPORADA DE INICIO

Rachel Gilmore

Cuando se ha invertido profundamente en escuchar y aprender de su comunidad, la temporada de reunir a las personas puede ser el momento más energizante y emocionante en la formación de una comunidad nueva de fe. Es una oportunidad para crear espacios para que todas estas personas que ha conocido puedan conversar y conectarse entre sí, de modo que logre definir lo que son como comunidad y entender mejor a quién le está llamando Dios a alcanzar.

Cuando se trata de reunirse, hay que empezar por quienes naturalmente querrían reunirse. En mi caso, al plantar una iglesia nueva hace unos años en una comunidad militar, durante una época de gran despliegue de tropas, lo abordé de manera diferente a como lo habría hecho si hubiera estado plantando en el centro de Manhattan. Como madre joven con un bebé en brazos, eso significaba organizar y asistir a citas de juego con otras madres y sus hijos pequeños. Significó unirme a otras mujeres en su camino a la Marcha de las Mujeres en 2017. Significó organizar asados en el patio trasero para las familias de la Marina y unirme al club de lectura local de meetup.com. Para aquellos contactos que había conocido y que tenían mucha curiosidad por nuestra visión de crear un lugar seguro para los «nómadas espirituales», organizamos grupos pequeños basados en la afinidad para que pudieran explorar la fe juntos. Teníamos a los «J.A.C.» (Jóvenes Adultos Casados); los «J.A.S.» (Jóvenes Adultos Solteros); y los «Primerizos y Bebés», para las familias que esperaban su primer hijo o tenían un pequeño en casa.

Debido a que muchos esposos trabajaban en el extranjero y lejos de casa cuando nos preparábamos para el lanzamiento, nos movíamos en un contexto de crisis y oportunidad ministerial, propio de aquella época y lugar. Del mismo modo, piense en las estrategias de reunión durante el año 2020, en casi cualquier parte del mundo: tuvieron que ser diseñadas de manera distintiva, dependiendo de cómo la pandemia COVID-19 estaba afectando la vida en lugares particulares. Cualquier reunión debe, por su propio diseño, tener sentido para la población a la que se pretende reunir y debe ser relevante y oportuna para ella.

Cuando empecé a reunir a todas estas personas nuevas en diferentes entornos, seguí las mismas reglas generales:

1. ***Asegúrese de que es una reunión a la que es fácil invitar a alguien.*** Si acabo de conocer a una persona en un parque o en una cafetería, probablemente no la invitaría a cenar a mi casa. Eso no suele hacerse, y podría incomodar a la persona y, seguramente, que no la volvería a ver. En lugar de eso, le preguntaría a la persona del parque o la cafetería si podríamos volver a vernos en ese mismo lugar la semana siguiente, y le pediría su número de teléfono para poder recordárselo. A menudo, cada uno llevaba a la reunión uno o dos amistades con intereses similares.

2. ***Procure que sea fácil para la persona rechazar la invitación en el último momento.*** Aunque muchas personas en nuestra sociedad se sienten profundamente solas y anhelan la conexión y estar en comunidad, nos puede angustiar pensar en presentarnos, especialmente al 50 % de nosotros que somos introvertidos[1]. Así que, si alguien cambia de idea en el último momento, muéstrele gracia e

invítele a un evento similar en un futuro próximo sin presión para que se presente. Si las personas rechazan tres invitaciones seguidas sin dar una razón, retírelas de su lista de invitados, pero manténgalas en su base de datos por si vuelven a la comunidad religiosa.

3. ***Cerciórese de que el lugar donde se reúne es fácil de encontrar, especialmente si se trata de una reunión grande.*** Si va a organizar una comida del 4 de julio en el parque local, ponga carteles o globos que indiquen claramente a la gente dónde encontrarte. Si organiza una cena para todos en su casa, asegúrese de que el número de su casa o apartamento sea claramente visible y la luz de la fachada esté encendida.

4. ***Asegúrese de que los asistentes puedan conocerse fácilmente.*** No hay nada peor que tener una sala llena de personas que se separan como si estuvieran en un baile de secundaria. Además, hay que tener en cuenta el número de personas que asisten a la reunión y que ya están completamente integradas en esta comunidad nueva de fe, frente a las que no están familiarizadas con ella y que están allí en un contexto diferente o por otras razones. En mi experiencia, una proporción de 60:40 ha funcionado mejor, así que cuando organicé una fogata de día de Halloween en la playa, traté de asegurarme de que no más de un porcentaje (40%) de las personas reunidas fueran de nuestra comunidad de grupos pequeños. Esto evita que las personas que no están relacionadas con la iglesia se sientan «emboscadas» por su comunidad de fe. Para algunas personas, no hay nada más reconfortante en una reunión de la iglesia que toparse con alguien que también es nuevo o que también está probando.

5. ***Lleve a cabo sus reuniones en distintos lugares.*** Piense en espacios públicos de reunión, espacios en casas privadas y reuniones digitales. Cuando empecé a conocer a más personas y hacer «amistades» en Facebook, grababa vídeos de Facebook Live o creaba

invitaciones que eran atractivas para compartir y que traían nuevas caras a los espacios físicos o digitales (como los seminarios web de Crowdcast[2], en los que podía estar representado por un avatar y discutir temas con otras personas de forma segura y anónima).

6. ***Procure llevar un registro de todos los contactos nuevos que haga, tomando nota de qué eventos parecen resonar más con la gente de la comunidad a la que se siente llamado a llegar.*** Si no se presenta nadie a un acto concreto, lo que podrá suceder, no se desanime y no lo tome como algo personal; piense en los factores múltiples (como la hora, el lugar o el objetivo) que pueden haber impedido que la gente acuda. Intente siempre aprender de un evento fallido y vuelva a intentarlo, incorporando cambios. La prueba y el error son normales. Siga intentándolo.

7. ***Asegúrese de que no hay una «agenda» definida en estas reuniones que no sea la de profundizar en las relaciones y empezar a proyectar una visión compartida de cómo podría ser y hacer esta nueva comunidad de culto.*** Ocúpese de que la reunión se desarrolle exactamente de acuerdo con la forma en que se describió en su invitación: ¡no se trata de un señuelo! Nadie quiere ir a una fiesta y encontrarse con un servicio de culto o viceversa. Haga que la gente sepa lo que puede esperar y cúmplalo.

12

¿QUÉ EXPERIENCIA DESEAMOS PARA LA GENTE EN EL SERVICIO DE ADORACIÓN?

Craig Gilbert y
Paul Nixon

Una de las preguntas más difíciles para las iglesias que crean un servicio de culto nuevo para la gente nueva es: *¿Qué queremos que la gente experimente en el culto?* El descubrimiento y la clarificación colectiva de una experiencia deseada, es un paso valioso en el camino hacia el inicio de un servicio de culto nuevo. También puede ser una pregunta difícil, porque las experiencias que conocemos mejor pueden interponerse fácilmente en nuestro camino. Es posible que descubramos múltiples perspectivas entre las personas miembros de nuestro equipo en cuanto al culto que ha sido personalmente significativo para ellas en el pasado. Sin embargo, tendremos que realizar cosas nuevas y llevar a cabo algunas ideas del pasado de forma nueva, con el fin de atraer a un nuevo grupo de personas.

Es común que uno o dos de los miembros del equipo de lanzamiento entren en pánico cerca de la fecha de lanzamiento cuando descubren que algún elemento planeado del servicio no es del todo de su estilo. Por ejemplo, puede ser que se hayan enterado de que la música del culto va a ser diferente de lo que habían imaginado. Y entonces, tenemos que recordar a nuestros compañeros que estamos creando este servicio para gente nueva.

A medida que pasamos mucho más tiempo con las iglesias que buscan llegar a la gente fuera de sus congregaciones existentes, nos sentimos reflejados en los paralelismos entre la realización de un servicio de culto para personas nuevas en el mundo actual y lo que los misioneros enfrentan cuando buscan llevar el evangelio a un lugar nuevo. Los misioneros van al encuentro de las personas donde están. No empiezan con el «material difícil y antiguo», aunque sea bueno, probado y haya funcionado durante años. No, ellos empiezan escuchando y hablando en los idiomas, tanto en términos de palabras como de cultura, de las personas a las que intentan llegar. Lo hacen de forma que resuene con ciertos valores de la población local, siempre que no los consideren contrarios al evangelio. Es probable que las personas a las que queremos llegar experimenten una desconexión con algunas de nuestras ideas o prácticas. Tenemos que estar preparados para crear una experiencia de culto que les permita encontrar a Dios de forma significativa.

Todos hemos oído la expresión «salir de la caja». J. D. Payne sostiene que la tarea más importante es ser capaz de *nombrar* la caja en la que nos encontramos[1]. Al nombrar esta caja, podemos decidir si queremos salir de ella, cómo y en qué aspectos. Acumulamos hábitos de práctica y actividad en el culto cristiano que varían mucho de una edad a otra y de un lugar a otro. Todos vivimos con el peligro de confundir lo esencial del culto con lo que tenemos la costumbre de hacer en el culto. Es bueno reconocer que nuestros hábitos y tradiciones de culto nos encasillan, hasta cierto punto.

Por lo tanto, es posible que queramos convocar una reunión de nuestro equipo de lanzamiento emergente, para revisar y aclarar algunas cosas antes de adentrarnos demasiado en los detalles de nuestra nueva comunidad de culto. En esta reunión, podemos trabajar sobre varias cuestiones. Es posible que ya hayamos respondido a algunas de estas preguntas, pero recordaremos a nuestro equipo sus descubrimientos y conclusiones anteriores (piense en los capítulos dos, cinco y seis). Otras preguntas supondrán un trabajo mucho más allá de esta reunión. Pero esta conversación ayudará a nuestro equipo a empezar a imaginar cómo será y cómo se sentirá esta reunión de adoración. La visión que articulemos ahora será útil para los equipos que se desplieguen más tarde a trabajar con gran determinación en cada pregunta específica.

Estas son las preguntas:

1. **¿A quién queremos llegar con esta nueva comunidad de culto?** En este punto de nuestro proceso de formación, algunos representantes de la población a la que nos dirigimos, deberían estar sentados en la mesa de planeación con nosotros como parte de nuestro equipo.

2. **¿Cuáles son los componentes básicos de la experiencia que deseamos ofrecer a las personas que comparten esta nueva reunión?** Al hacer una lista breve de estos componentes básicos, ¿podemos decir por qué cada elemento es esencial y cómo se conecta con nuestra comprensión de la fe, nuestra misión y el culto mismo?

3. **¿Hay algún contenido específico que imaginemos que tendremos en esta reunión, que pueda ser diferente al de otros servicios o iglesias?** Todo lo que ocurre en el culto debe ser creado, elaborado y presentado de manera que comunique claramente el evangelio, para que su grupo demográfico pueda participar plenamente. El estilo y la instrumentación de la música que utilizamos deben ser cuidadosamente seleccionados. La forma de lenguaje utilizada en el servicio (formal o más coloquial) también debe ser apropiada. ¿Qué temas de la vida y preocupaciones de la población debemos abordar? Incluso el orden del culto debe ajustarse a las expectativas de las personas asistentes o debe ser elaborado y presentado de forma que enseñe y anime a participar a los participantes nuevos (en los capítulos 22, 23 y 24 profundizaremos en el

contenido del servicio. Para esta reunión, no nos ocuparemos de demasiados detalles).

4. **¿Cuál debe ser el tono espiritual y emocional de este encuentro nuevo?** Esta puede ser la decisión más importante de todas. Aunque el objetivo de toda iglesia debería ser presentar todos los aspectos del evangelio y la historia bíblica global a lo largo del tiempo, cada iglesia suele tener un cierto «ambiente espiritual» en su culto semanal que permanece constante. Ya sea la nobleza y la formalidad de un entorno de culto que nos revela a Dios en el trono o la experiencia profundamente personal, que nos recuerda a Jesús, nuestro amigo, cocinando pescado junto a la hoguera; esta atmósfera espiritual repercutirá en la experiencia global de la adoración más que cualquier otra cosa.

Pensemos nuevamente como un misionero. Teniendo en cuenta a quienes intentamos llegar con este nuevo servicio, ¿cuál es la mejor manera de comunicar nuestra relación básica con Dios? Algunas iglesias buscan construir un punto de decisión espiritual o un tiempo de oración ferviente al final de cada servicio. Otras optan por concluir el servicio después del mensaje de una manera muy práctica, a menudo porque han optado por abordar temas delicados de sanación y toma de decisiones espirituales en otros lugares. Esta atmósfera espiritual también influirá probablemente en nuestras elecciones de decoración y contenido, como ya se ha dicho.

5. **¿Qué tipo de experiencia relacional deseamos para las personas asistentes?** Algunas iglesias dejan mucho espacio personal a la gente durante sus servicios de culto y hacen muy pocos esfuerzos por establecer comunicación con las personas visitantes, más allá de un saludo en la puerta y posiblemente el saludo de la paz. Tal vez hayan aprendido que las personas a las que sirven prefieren tener un mínimo de acercamiento con las personas nuevas. Los servicios de culto de otras iglesias están diseñados para ayudar a

los asistentes a conocer a otras personas y hacer nuevas amistades. ¿Cuál es nuestro objetivo para nuestras reuniones de culto, en términos de experiencia de relación con otras personas?

No podemos olvidar hablar de la forma en que se vestirán las personas que ejercen el liderazgo (ya sea en el escenario, en el púlpito o en el vestíbulo). Todo el atuendo debe elegirse de manera que dé la bienvenida a su grupo demográfico elegido y, al mismo tiempo, parezca apropiado para la edad de sus líderes. Desde los trajes de negocios hasta los vaqueros y las camisetas, pasando por cualquier otro estilo, quienes se encargan de dar la bienvenida, los ujieres, músicos y pastores deben llevar un atuendo que diga: «Bienvenido, póngase cómodo, como nosotros, es bienvenido tal y como usted es» (entraremos con mayor detalle en los temas de hospitalidad en el capítulo 25).

6. **¿Qué tipo de experiencia deseamos para la gente en el espacio físico?** Todos los aspectos de la apariencia de su sala física deben considerarse en términos de la experiencia que desea para quienes asisten a la reunión. Si se trata de un espacio nuevo, se pueden tomar decisiones a partir de una pizarra en blanco. Si está reutilizando un espacio actual o usado anteriormente, tendrá que decidir qué debe permanecer igual y qué puede cambiarse. Aspectos básicos como el estilo de los asientos o el color de la habitación son importantes. Incluso el olor de la habitación puede marcar la diferencia. El aspecto y la sensación del espacio causarán una impresión duradera en las personas que vayan a rendir culto allí. La iluminación es otro elemento clave para crear un aspecto de bienvenida. Desde la luz brillante hasta la tenue, desde la multicolor hasta la monocolor, todos los tipos de iluminación influirán. Incluso la selección simple de la luz blanca básica permite elegir entre cálida o fría y fluorescente o LED (entramos en más detalles sobre el espacio físico un poco más delante, en el capítulo 13).

7. **¿Qué tipo de experiencia deseamos para las personas que sintonizan la reunión digital paralela a la reunión física?** Un número cada vez mayor de personas experimenta el culto a través de la televisión, el teléfono o la pantalla del ordenador. La mayoría de las iglesias que pudieron seguir funcionando durante la pandemia del COVID-19 crearon, por necesidad, una experiencia de culto en línea. En muchos casos, su contenido nunca fue diseñado intencionalmente para la experiencia de una audiencia en línea. En algunos casos, la experiencia de adoración digital se convirtió en algo así como ver un servicio de culto en persona a través de una ventana: la gente puede mirar, pero sigue siendo espectadora, con pocas oportunidades o propensión a participar. Además, elementos como la decoración, la iluminación y la ubicación del escenario, aunque funcionan muy bien para la adoración «en la iglesia», a menudo hacen poco para crear una atmósfera de adoración para la persona que ingresa en línea.

Dado que estamos creando un servicio de adoración nuevo, tenemos la oportunidad de diseñar y elaborar todas las áreas de consideración mencionadas anteriormente de una manera que funcione tanto para el culto en sala *como* en línea. Podemos tomarnos el tiempo para considerar cómo todo lo que hemos elegido se ve y atrae a la gente tanto en el medio en vivo como en el medio digital, para crear el máximo impacto para nuestro nuevo servicio (exploraremos más a fondo el culto digital en los capítulos 20 y 21).

Recordemos a nuestro equipo que este servicio de adoración nuevo no está necesariamente destinado a *ayudarnos a* encontrar formas de conocer, construir una relación y comunicarnos con Dios. Nuestra iglesia ya tiene un servicio de adoración para nosotros; por eso estamos allí. En cambio, este servicio de culto renovado proporcionará una experiencia completamente diferente que da la mejor bienvenida a personas nuevas no solo a nuestra comunidad de fe, sino también —y, más importante— a una nueva relación con Dios.

«Si ha llegado a este punto en su lectura, discusiones y planificación, tal vez haya decidido seguir adelante con el desarrollo de su nueva comunidad de culto y esté listo para preparar el lanzamiento. Está empezando a hacerse realidad. Las próximas semanas serán emocionantes. En los próximos capítulos, trataremos de ayudarle a convertir toda su visión, reflexión y preparación en elementos de acción, pasos detallados que conducirán al lanzamiento público de una comunidad nueva de culto».

13

DECIDIR CUÁNDO Y DÓNDE REUNIRSE

Paul Nixon

La elección del momento y el lugar de reunión suele ser una bifurcación estresante para el grupo de líderes en su camino hacia el lanzamiento de una comunidad nueva de culto; rara vez habrá una respuesta perfecta a la pregunta de cuándo o dónde. Cada una de las opciones posibles tendrá sus ventajas y sus dificultades. Simplemente se espera que se pueda prevenir cualquier dificultad que pueda ser grave para el crecimiento de la congregación nueva. Es posible que tenga que ceder un poco en cuanto a la hora para conseguir su espacio preferido o viceversa. Aproveche cada oportunidad que se presente de probar un espacio determinado a una hora concreta y con el público que haya elegido de forma puntual, antes de tomar la decisión final para el lugar del servicio de culto.

Consideraciones sobre el momento de la reunión

En la mayoría de los contextos, el domingo por la mañana sigue siendo el momento que la gente asocia instintivamente con ir a la iglesia. Incluso a las personas relativamente seculares, la cultura les ha enseñado a pensar en la iglesia como algo que ocurre el domingo por la mañana. Por esta y otras razones, los servicios de adoración del domingo por la mañana suelen reunir a más personas que las comunidades que se reúnen en cualquier otro momento de la semana.

Sin embargo, hay varias razones por las que las iglesias pueden elegir lanzar reuniones en momentos distintos a los domingos por la mañana. Por lo general, la razón es que, dentro de su audiencia elegida:

- la gente suele quedarse despierta (y fuera de casa) hasta tarde los sábados por la noche, a menudo sin niños en casa;
- las familias tienen hijos que participan en actividades deportivas los domingos por la mañana o en viajes recreativos de fin de semana;
- las personas hacen parte de equipos deportivos o están inscritos en torneos deportivos los domingos por la mañana;
- hay personas que tienen que trabajar los domingos por la mañana;
- la gente trabaja toda la semana en horarios largos y extenuantes y sienten que realmente necesitan dormir y descansar el domingo

A veces, dada la población a la que se dirige, es mejor fijar la hora de la reunión el domingo por la tarde o a primera hora de la noche, o durante una noche entre semana. Tengo un amigo que está contemplando la idea de celebrar una reunión los domingos a las 2:00 de la mañana para su red de amigos que tiene en el sector de los restaurantes y bares de su comunidad. En cualquier caso, antes de lanzarse, pregunte a varias personas qué hora les vendría bien y haga una prueba de la reunión a la hora propuesta antes de cerrar un contrato de alquiler.

Aunque hay excepciones, las reuniones de los domingos por la noche o en otros momentos no dominicales tienden a ser más reducidas que las celebradas los domingos por la mañana. Esto podría deberse, en parte, a que están diseñadas para poblaciones cuyos miembros no tienen el hábito de participar en la iglesia. Las reuniones de culto más pequeñas son atractivas para muchas personas hoy en día, especialmente si hay participación en el diseño del culto. Otras personas disfrutan del anonimato relativo de las reuniones más grandes.

En muchos casos, la pregunta de cuándo reunirse para el culto se entremezcla con preguntas sobre la sostenibilidad financiera general de la organización. Es poco frecuente que las comunidades de culto que no se reúnen los domingos por la mañana lleguen a ser autosuficientes, a menos que se lancen varias reuniones, posiblemente incluyendo un horario de domingo por la mañana (hablaremos más de este tema en el capítulo 31, «Desarrollar la sostenibilidad financiera»).

Consideraciones sobre dónde reunirse

Sea cual sea el lugar donde se reúna, el espacio debe ser fresco y estar recientemente renovado, si es posible. El acceso de las personas asistentes al espacio de parqueo o al transporte público es fundamental. La facilidad y accesibilidad al lugar de reunión es innegociable. Debe haber un acceso seguro hacia y desde el lugar, con presencia de seguridad exterior en forma de personal de recepción, si es necesario. Debe haber un espacio adecuado para la pastoral infantil, razonablemente cerca del espacio principal de reunión. Se espera que haya aire acondicionado en los días de clima cálido. La iluminación debe ser lo suficientemente brillante y preferiblemente regulable. La acústica debe ser viable para la música en directo. Y asegúrese de que puede mantener el espacio lleno al menos en un 30% en la mayoría de sus reuniones; de lo contrario, el espacio es demasiado grande.

Si tiene que comprar sillas, piense en que sean ligeras y apilables[1]. No es tan importante, pero sí muy útil, contar con asientos móviles, un sistema de proyección de video integrado (que no requiera configuración) y una cocina adyacente a la sala principal.

En cuanto al lugar de reunión, veamos primero las opciones en las instalaciones existentes de la iglesia. Las ventajas de esta elección podrían ser las siguientes:

- una ubicación excelente que, probablemente, nunca podría permitirse si tuviera que comprarla en el mercado inmobiliario actual;
- un importe reducido o la ausencia de alquiler y, por tanto, los costos más bajos;
- la posibilidad (con permiso) de renovar un espacio y personalizarlo para la reunión de culto;
- un lugar para almacenamiento en el lugar y, ocasionalmente, disponibilidad del personal del edificio para la instalación de la reunión de culto;
- la posibilidad de ensayar en el lugar durante la semana;
- acceso a una cocina para la preparación de alimentos;
- instalaciones para niños, preparadas y disponibles muy cerca de la sala de reunión principal y, si el servicio se celebra simultáneamente con otro servicio en el edificio, la posibilidad de compartir una única instalación para el ministerio de niños entre los dos;
- y donde se dispone de un espacio de culto tradicional en el santuario, puede gustar la representación de la suntuosidad antigua del espacio como parte de un diseño de culto antiguo-moderno.

Los retos que puede plantear el uso de las instalaciones existentes de la iglesia pueden ser los siguientes:

- la falta de accesibilidad total, o la accesibilidad incómoda;
- la imposibilidad de ajustar el espacio como realmente se necesita, debido a las reglas del edificio que usted considera poco útiles (no se permiten bebidas, no se puede tocar la caja de resonancia, no se pueden mover las sillas o el mobiliario de sus posiciones tradicionales de servicio de culto, etc.);
- el hecho de que algunos bancos antiguos de la iglesia son incómodos y tendrían que ser retirados por completo para que el espacio sea funcional para un público del siglo XXI;

- demasiado poco espacio adyacente al espacio principal de culto para socializar;
- baños decrépitos y anticuados;
- instalaciones infantiles anticuadas (sin embargo, a veces un poco de pintura y una alfombra nueva pueden hacer maravillas);
- y una aversión entre su público elegido a los edificios eclesiásticos tradicionales.

También contemplemos la posibilidad de buscar espacios que no sean instalaciones de una iglesia. El costo del alquiler de un espacio para una iglesia que pueda reunir a 150 personas puede variar entre 200 y 1.500 dólares por semana (para un lapso de dos a tres horas), en función de la hora y el lugar concretos. Sin embargo, si se opta por utilizar un restaurante o un local, es posible que no sea necesario pagar un alquiler, siempre que se elija una hora relativamente poco concurrida para el negocio del establecimiento. También puede ser una ventaja que haya una venta constante de comida y bebida para su grupo cada vez que se reúna (ya sea antes, durante o después de la reunión).

No excluya la posibilidad de utilizar un espacio no eclesiástico antes de comparar al menos las ventajas y los retos. Entre los posibles beneficios de un lugar diferente a la iglesia se encuentran los siguientes:

- Solo debe pagar por el tiempo real de uso de las instalaciones.
- Si su comunidad crece o el espacio resulta inviable por otras razones, tiene la opción de reubicarse (a veces vemos que las nuevas reuniones se inician en el auditorio más pequeño de un espacio múltiple y luego, con el tiempo, se «mudan» a auditorios más grandes).
- Si el espacio en sí ya forma parte del estilo de vida de la gente y de sus pautas de circulación semanales, esto puede ser una ventaja. Por ejemplo, las instalaciones de las escuelas públicas, son el punto de encuentro asociado a la mayor asistencia de culto en el primer

año de las congregaciones nuevas en Estados Unidos[2]. Esto se debe, en parte, a que los padres de los alumnos y los propios niños ya están familiarizados con el espacio.

Entre los retos más comunes que plantea el uso de instalaciones no eclesiásticas se encuentran los siguientes:

- Los costos pueden ser elevados para conseguir la instalación que se desea y en el tiempo que se necesita. ¿La congregación que se va a reunir aquí va a ayudar a pagar esta factura?
- Es muy importante negociar por adelantado exactamente lo que necesita en su contrato de alquiler. Quizá alguien de tu equipo tenga experiencia en este tipo de negociaciones. No dude en solicitar la ayuda en lo que necesita, ya que su grupo será una fuente constante de ingresos para los propietarios del lugar.
- Es posible que no se disponga de un sitio de almacenamiento para su equipo, por lo que tendrá que conseguir instalaciones de almacenamiento para su uso durante la semana y luego transportar su equipo al lugar de servicio de culto cuando se reúna.
- El conserje de las instalaciones asignado para trabajar con usted puede ser útil o no[3].
- Rara vez hay garantías de que se renueve el contrato de alquiler, lo que puede dejar a su grupo en una situación difícil y sin un lugar donde reunirse.
- A veces, las instalaciones tienen una política que obliga a utilizar sus servicios de distribuidores o proveedores de alimentos y bebidas (esta política rara vez funciona dentro del presupuesto de una iglesia).
- Se le pide que elabore y gestione una señalización temporal que permita al público que entra —durante las horas en que se reúne— ver que este es su espacio y que está preparado para recibirlo.

Intente evitar lo siguiente:

- Cualquier sala de reunión en la que la gente deba entrar a la vista de quienes ya están reunidos. La entrada debe hacerse por la parte trasera de la sala, de lo contrario, cuando la gente llegue tarde, le aterrará la idea de tener que hacer «una entrada» delante de la multitud o/y mientras la banda toca; y entonces, simplemente dejará de asistir hasta otra semana.

- Un olor a humedad en el edificio, esto no solo es desagradable, sino que podría ser un signo de moho y no querrá que sus asistentes se acerquen a él.

- Espacio de parqueo inadecuado o acceso difícil al transporte público.

- Una sala de reunión demasiado pequeña para el crecimiento (una que ya está llena en su primera reunión) o demasiado grande (donde no se puede llenar razonablemente el 30% del espacio). En la década de 2020, es justo esperar que muchas personas no deseen apiñarse hombro con hombro, por lo que la sala que podía albergar a 150 personas en la época prepandémica puede estar ahora abarrotada con 90 personas, a menos que la edad promedio de la congregación sea, por ejemplo, de 23 años, en cuyo caso, pueden preferir la energía de un espacio reducido.

- Y muebles de alto mantenimiento, en particular las sillas que son pesadas de mover o difíciles de limpiar.

Si no tiene previsto reunirse a la misma hora y en el mismo lugar cada semana

Muchas iglesias están estudiando la posibilidad de ofrecer una reunión de culto grande que se reúna menos de una vez por semana, a menudo porque su unidad más básica de comunidad es una red de grupos pequeños. Si planea reunirse menos de una vez por semana, tendrá más tiempo para preparar cada servicio nuevo, con menos tiempo de voluntariado requerido. Podrá divertirse creativamente con cada servicio. Además, un programa de producción de culto menos intenso podría dejar más tiempo para otros esfuerzos críticos, como servir a sus vecinos en el ministerio directo. Una nueva comunidad de culto experimentó con la celebración de cultos emergentes en diferentes momentos y lugares, con cierto éxito. El reto de esta falta de previsibilidad semana a semana es el siguiente: si sus miembros más marginales no recuerdan que esta es la semana del culto, o si han perdido o extraviado la información sobre el lugar de reunión de esta semana, se perderán involuntariamente el culto o decidirán no asistir. La falta de coherencia y previsibilidad en cuanto a la hora y el lugar de los servicios tendrá un efecto sobre el impulso de su nueva comunidad de culto.

Por lo tanto, si planea reunirse menos de una vez a la semana o en lugares rotativos, debe planificar la creación de un sistema de comunicación sólido, preferiblemente uno que incluya teléfonos inteligentes, para recordar a la gente cuándo y dónde reunirse en cada nueva reunión.

No hay nada más estresante en el lanzamiento de una nueva comunidad de culto que la frustración por no encontrar un lugar de reunión que satisfaga las expectativas de su equipo. De nuevo, recuerde que no hay lugar perfecto. Y no hay un momento perfecto. Y, como subrayaremos en las próximas páginas, algunas personas elegirán conectarse con usted digitalmente más a menudo, en vez de tener que desplazarse hacia el lugar donde usted se encuentre.

ESCOGER LOS EQUIPOS DE LIDERAZGO

Craig Gilbert

Aunque decidir quiénes deben formar parte de su equipo de liderazgo puede parecer una tarea abrumadora, en realidad puede ser una de las preguntas más fáciles de responder en el proceso de creación de un servicio de culto nuevo. Es un proceso de varios pasos, pero bastante sencillo.

Mientras profundizamos en el tema de la creación de los equipos de liderazgo, aquí hay unas ideas para quienes buscan construir un servicio para 30 a 50 personas o que pueden estar empezando con su primer servicio. Si usted prevé un servicio de adoración con una asistencia de unas 30 personas, entonces puede simplificar su lista de equipos de trabajo y combinar algunas de las tareas para que sean compartidas entre menos personas. Pero tenga en cuenta que incluso con tan sólo treinta asistentes, una comunidad de culto nueva puede agotar fácilmente a un grupo pequeño de voluntarios fieles, si los equipos no se organizan con antelación. No deje que el siguiente ejercicio de lluvia de ideas le intimide o desanime. Siga este proceso, y luego hágalo suyo y adáptelo para su comunidad de culto.

Piense en las personas a las que intenta llegar con esta reunión de culto nueva, su público elegido. Usted ha decidido, en oración, enfocarse en un grupo específico de personas (ver el capítulo 5, «Enfocarse en un grupo determinado de personas» y el capítulo 6, «Construir puentes de comunicación con las personas que alcanzamos»). Ha creado oportunidades para conocerlas, para aprender sobre sus anhelos más profundos y para ponerlos en relación con las demás personas (Ver del capítulo 8, «Desarrollar una cultura de invitación», hasta el capítulo 11, «Reunir a la gente en la temporada de inicio»). Ahora tiene que reunir todos estos elementos para conformar un grupo de equipos con las personas que ha identificado. Estas son las personas que pueden realizar la variedad de tareas necesarias para lograr el objetivo de lanzar un servicio de culto nuevo. ¿Qué son exactamente estos equipos y qué deben hacer específicamente? Utilizando su imaginación, sígame en un viaje para descubrir las respuestas.

1. Imagínese a las personas a las que intenta llegar, sentadas en sus casas, dondequiera que estén. Que nunca han oído hablar de su iglesia. También, asuma que no han pensado en comenzar a ir a la iglesia.
2. Ahora, piensa en lo que se necesita para:
    A. Informarles de su servicio de culto;
    B. Y convencerles de que prueben su nuevo servicio de adoración, de que metan los pies en el agua.
3. Haga una lista de las cosas que cree que necesitará hacer para lograr los objetivos 2A y 2B (arriba). (NOTA: Usted ya realizó parte de esta actividad, en el capítulo 6, «Construir puentes de comunicación con las personas que alcanzamos», y en el capítulo 8, «Desarrollar una cultura de invitación»)
4. Las personas que necesitará para cumplir con los puntos de la lista que ha elaborado son un equipo. Yo lo llamo el Equipo de Invitación y Motivación.

Ahora, supongamos que este equipo tiene éxito y la gente decide intentar su servicio de culto nuevo. ¿Qué otros equipos se necesitarán?

1. Piense en cómo llegarán a su reunión las personas para las que está diseñando este servicio: ¿en auto? ¿en transporte público? ¿en un servicio de transporte compartido?

2. Después de que estas personas lleguen, ¿cómo van a saber?

   A. Dónde parquear el auto o dónde es la estación de transporte más cercana; y

   B. ¿dónde entrar en el edificio?

3. Haga una lista de todo lo que tendrá que hacer para que la llegada de sus asistentes sea lo más fluida posible *antes de que* entren en el edificio, como por ejemplo:

   A. ¿Serán recibidos por la gente desde afuera?

   B. ¿Habrá señales que les indiquen por dónde ir?

   C. ¿Y el aspecto de la zona exterior del edificio?

   D. ¿Qué podría aumentar la expectativa de los asistentes sobre descubrir algo bueno al interior de las puertas?

4. Todas las personas que necesitará para manejar los puntos en esta lista son, colectivamente, otro equipo. Yo lo llamo el Equipo de Bienvenida a Nuestro Campus/Iglesia.

Ahora, ¡ya tiene dos equipos! ¿Qué equipos adicionales va a necesitar? Supongamos que estos dos primeros equipos han hecho un gran trabajo, y que sus hipotéticas personas han llegado y entrado con éxito en el edificio.

1. Piense en todos los lugares posibles en los que estas personas pueden necesitar ayuda, como los siguientes:

   A. que se le da la bienvenida;

   B. encontrar un baño;

   C. encontrar una guardería;

   D. encontrar aperitivos o café;

   E. Y encontrar el espacio de culto principal.

2. Recuerde que estos son solo algunos ejemplos. Elabore una lista de todas las formas en que las personas pueden necesitar ayuda, para sentirse bienvenidas.

3. Todas las personas que necesitarás para realizar las tareas de esta lista forman otro equipo. Yo lo llamo el equipo «Hola, ¿en qué puedo ayudarle?» (ver el capítulo 25, «Ofrecer una hospitalidad de primera clase»).

¡Está en marcha! Las personas nuevas con las que ha establecido conexión, ya están listas para entrar en el espacio de reunión. Ahora, solo tiene que ofrecer un servicio de culto.

1. Haga una lista de todas las tareas que hay que realizar para que su servicio de adoración se lleve a cabo:

    A. ¿Quién decorará el espacio?

    B. ¿Quién se encargará de las luces (si es necesario)?

    C. ¿Quién manejará las pantallas de video (si es necesario)?

    D. ¿Quién se encargará del sonido (si es necesario)?

    E. ¿Quién tocará o dirigirá la música?

    F. ¿Quién predicará (si hay un mensaje)?

    G. ¿Quién recogerá la ofrenda (si decide incluirla)?

    H. ¿Quién planificará todo el servicio de culto?

    I. ¿Qué más haremos durante el culto y quién se encargará de ello?

2. Todas las personas que necesitará para realizar las tareas de esta lista forman otro equipo. Este es el Equipo de Adoración Completo[1] (en el capítulo 21, «Pensar en dos vías: Digital y Presencial», hablaremos del Equipo más pequeño, el de Diseño de la adoración).

Por último, una vez que el servicio haya terminado y los asistentes hayan regresado a sus lugares, donde comenzaron su recorrido, ¿cómo sabrán que aprecia que se hayan unido a usted en el servicio de culto y que le gustaría que regresaran?

1. Haga una lista de todas las formas en que le gustaría comunicarse con las personas que han probado su nuevo servicio de culto.

    A. ¿Cómo le gustaría invitarles a venir de nuevo?

    B. ¿Cómo le gustaría informarles sobre todo lo que ofrece su iglesia?

2. Todas las personas que necesitará para realizar las tareas de esta lista forman otro equipo. Podrías llamar a este equipo: «¡Queremos que vuelva!». (Ver el capítulo 26, «Incorporación de nuevas personas a la comunidad»).

Aquí están todos los equipos que ha creado hasta ahora:

1. comunicación e invitación: **el Equipo de Invitación y Motivación;**

2. llegada y saludo (al aire libre): **el Equipo de Bienvenida a Nuestro Campus/ Iglesia;**

3. bienvenida y hospitalidad (en el interior): **el equipo "Hola, ¿en qué puedo ayudarle?**

4. culto: **el equipo de culto completo,** que incluye

    a. **el equipo de diseño de los cultos básicos;**

    b. **el equipo técnico/externo;**

    c. **el Equipo de Música/Publicidad/Escenario;** y

5. el equipo de seguimiento y reinvitación de los asistentes: **«Queremos que vuelva».**

Ahora tiene entre cinco y ocho equipos. El equipo 1 (Invitación y motivación) y el equipo 5 (Queremos que vuelvas) suelen estar combinados. Ciertamente, pueden y deben trabajar juntos, pero probablemente alcanzará un mayor nivel de éxito si se trata de dos equipos separados, cada uno con sus propios objetivos y ambos trabajando de forma coordinada entre sí.

Es posible que tenga que crear equipos adicionales para alcanzar sus objetivos:

- Muchas iglesias tienen un equipo de oración específicamente para los servicios de culto nuevos (ver el capítulo 7, «Desarrollar una cultura de oración»).
- Es posible que necesite un equipo centrado en la coordinación del cuidado de los niños y las actividades de los jóvenes (ver el capítulo 27, «Personalización del ministerio infantil»).
- También puede necesitar un equipo de estudio bíblico/grupos pequeños, que se concentre en manejar reuniones más pequeñas para el crecimiento espiritual (ver el capítulo 11, «Reunir a la gente en la temporada de inicio»).

Las posibilidades para los diferentes equipos que podría necesitar serán muy específicas para las metas y objetivos particulares de su servicio de culto y la forma en que planea alcanzarlos. Piense en todos los lugares posibles en los que sus hipotéticas personas puedan entrar en contacto con otra persona, necesiten ayuda o requieran información; y en todos esos lugares, es posible que necesite crear un equipo para asegurarse de que esas cosas sucedan.

Ya podría tener hasta 10 equipos. Cuantas más personas se involucren ayudando en un ministerio relacionado con su comunidad de culto nueva, mejor. El error más común al iniciar una nueva comunidad de culto es tratar de producir la experiencia semanal con muy pocas personas. Un buen objetivo para el número de personas que participan en un equipo es la mitad de la asistencia semanal deseada.

Usted se preguntará: «¿Por qué recomienda que el número de personas que participan directamente en la producción del servicio sea la mitad de nuestra asistencia total?» «¿Se lo han inventado?». En realidad no, ese porcentaje se inicia para trabajar intencionadamente para contrarrestar la realidad común de la «Regla 80-20», también conocida como el Principio de Pareto[2]. Lo más probable es que experimente la Regla del 80-20 ya que el 20 porciento de su personal realizará el 80 porciento del trabajo necesario para que su servicio de culto con solo el 20% de sus asistentes trabajando arduamente, con el tiempo esta limitación de la fuerza de trabajo obstaculizará gravemente su crecimiento de muchas maneras.

Según mi experiencia, un objetivo de 50-50 de personas en alguna función activa del servicio de adoración, por pequeña que sea, proporciona algunas ventajas:

1. Las personas voluntarias permanecerán más tiempo como colaboradores útiles. El 50-50 tiende a producir menos agotamiento.

2. Al aumentar la cantidad de personas que se dedican al «trabajo de la iglesia», también aumenta la probabilidad de que estas personas inviten a otras a su nuevo servicio de culto. ¿Por qué? Porque están orgullosas del ministerio que están haciendo y quieren compartirlo con los demás. Más gente trabajando es igual a más invitaciones potenciales y significa más crecimiento.

3. Una inversión mayor de trabajo en el servicio de adoración suele traducirse en mayores inversiones en otras áreas del ministerio, incluyendo las donaciones.

4. Un nivel alto de participación en el trabajo organizacional de la reunión de culto puede aumentar el número de visitas en la «puerta principal» mediante el intercambio de información y reducir el desgaste en la «puerta trasera» debido a la inactividad, lo que acelera significativamente el aumento de la asistencia.

La creación de equipos es la estrategia más importante que puede seguir para aumentar el tamaño del grupo completo que se reunirá. Por lo tanto, no considere la formación de equipos como una tarea; por favor, considérela como su plataforma hacia la realización de su misión. Requerirá trabajo, sí, pero ofrece la manera más fácil y probada de asegurar que su comunidad de culto nueva se lance bien.

Tenga en cuenta que el número mínimo de personas en un equipo funcional es de cuatro. Si son menos, el resultado no es un equipo funcional, sino una carga que recae sobre muy pocas personas. Cuando no construye sus equipos de manera externa, invita al perfeccionismo, al control y a la disfunción entre algunos de tus líderes ministeriales. Y para todos los equipos, es preferible tener cinco miembros que cuatro. Sin embargo, algunos equipos (como el de hospitalidad y el de bienvenida) pueden crecer a medida que crece su servicio, hasta el punto de que puede haber docenas de miembros involucrados.

En este punto, no tiene que identificar a las personas que dirigirán y formarán sus equipos. Enumere solo los equipos que necesitará. Si vienen a su mente ciertas personas como posibles líderes de equipo, apunte sus nombres. Después de que dos personas han acordado dirigir cada equipo, su trabajo consistirá en encontrar a otras personas para completar sus equipos. En otras palabras, la creación de sus equipos puede convertirse en una forma muy tangible de construir la nueva comunidad de culto en sí misma. Agregue a las amistades, la familia y los hijos de los miembros de su equipo, y alcanzará una medida crítica: un número suficiente de personas para reunirse y descubrir la energía en la sala de reunión, semana tras semana.

Esta formación inicial de sus equipos es crucial para el futuro éxito de su servicio nuevo. Todo el tiempo y la energía que haya invertido hasta ahora en hacer planes y tomar decisiones significará poco, si no tiene un camino intencionado para dar vida a esos sueños. Este enfoque en los equipos le permitirá organizar y reclutar el cuadro de personas que necesitará para ayudar a liderar el camino y hacerlo realidad.

PENSAR CORRECTAMENTE SOBRE LA RECAUDACIÓN DE FONDOS

Gary Shockley

La imagen en la pantalla de televisión me cautivó. Un hombre llamado Jerry Lewis estaba arrodillado, hablando cara a cara con un niño en silla de ruedas. Era la primera vez que oía sobre algo llamado *distrofia muscular* y, al parecer, afectaba a muchos niños. Jerry abrazó al niño, se limpió una lágrima que resbalaba por su rostro cansado, se volvió hacia la cámara y, mirándome directamente, me pidió ayuda. ¿Cómo iba a negarme? Él y la Asociación de Distrofia Muscular (ADM) me necesitaban para que les ayudara a recaudar millones de dólares para sillas de ruedas, aparatos ortopédicos para las piernas y el tipo de investigación necesaria para acabar con esta horrible enfermedad. Tenía 11 años y me convertí en un recaudador de fondos.

Movilicé rápidamente a un equipo formado por mi hermana y dos niños vecinos, y utilicé una máquina de hacer figuras de bichos terroríficos (Creepy Crawlers) que había recibido la Navidad anterior para fabricar arañas de goma y caras de monos multicolores. Los transformamos apresuradamente en imanes para la nevera, prendedores para la solapa y una especie de vidriera ahumada para los cristales de las ventanas. Cuando nuestro inventario parecía suficiente, colocamos una mesa de cartones en la esquina de nuestra calle para exponer nuestros productos y un cartel de cartón pegado a la mesa con nuestra petición: *¡Ayúdenos a ayudar a los niños de Jerry!* Mientras dos de nosotros atendíamos la mesa, los otros miembros del equipo se ocuparon de reponer nuestro inventario. Al final del día, nuestro tarro estaba lleno de monedas y billetes arrugados por un total de varios cientos de dólares. Mientras tanto, en el estudio de televisión, Jerry estaba cada vez más cerca de superar la meta *del Teletón del Día del Trabajo de la ADM del* año anterior y de hacer todo lo posible para conseguirlo. Las llamadas telefónicas llegaban a los operadores del teletón a un ritmo vertiginoso, ya que el tablero reflejaba la generosidad increíble de corporaciones, negocios locales, individuos, casas de culto, grupos de exploradores y más.

Qué emoción fue llamar a ese número de teléfono que aparecía en la pantalla del televisor, para compartir lo que nuestro pequeño equipo de fabricación y ventas había logrado en nuestro esfuerzo por ayudar a *los niños de Jerry.* Imagínense la emoción de oír nuestros nombres leídos en voz alta por el portavoz de la filial local. Apenas dormí esa noche, repitiendo toda la experiencia en mi mente. Hicimos algo grande. Ayudamos a otros niños, Hicimos llorar de alegría y gratitud a Jerry Lewis cuando cantó «*You'll Never Walk Alone*» (Nunca caminarás solo) al final del telemaratón (que estableció un récord en aquella época de recaudación de fondos televisada). Yo nunca volvería a ser el mismo.

Al reflexionar sobre el telemaratón de ese año en particular (y las docenas que tuvieron lugar a lo largo de los años), como adulto, me perturba la manipulación y la falta de comportamiento ético que muestran las técnicas de recaudación de fondos de Lewis y la ADM. Nunca abogaría por nadie que empleara este tipo de tácticas. Aun así, ver ese telemaratón de niño fue mi primera introducción real a la recaudación de fondos y tuvo un profundo efecto en mi vida.

¿Cuál fue su primera experiencia de recaudación de fondos para... *cualquier causa*? ¿Tenía un objetivo en mente? Tal vez fue para un juguete, para su equipo deportivo, para alguien necesitado o para una excursión. Quizás paleó la nieve del patio, cortó el césped, hizo tareas para su madre, cuidó de su hermano pequeño, lavó el coche del auto del vecino o elaboró y vendió algún objeto. Tenía un objetivo y necesitaba un plan que le ayudara a alcanzarlo. ¿Cómo fue ese momento para usted? Recuerde esa experiencia y reflexione sobre ella mientras lee este capítulo.

Crecí en un hogar con padres bastante generosos. Me vistieron, alimentaron y cobijaron. En los cumpleaños y las Navidades, recibí muchos regalos. Pero uno de los regalos más importantes que recibí de mis padres más allá de los límites de su generosidad, fue aprender a asumir la responsabilidad de financiar por mí mismo las cosas que quería. Cuando me cansaba de los malos cortes de pelo que me hacía mi padre, tenía que ganar suficiente dinero para pagar a alguien con la formación adecuada para que lo hiciera. Si no me gustaba la ropa que me compraban para el próximo año escolar, ¿adivinen qué? Podía comprarme la mía propia. Por eso, a los 13 años conseguí mi primer trabajo, lavando platos en la cafetería local. (Hace poco tiempo volví a llevar a mi padre a esa cafetería. Aprendí mucho en ese lugar). *Me encantaba* recibir cada semana un sobre con dinero en efectivo.

Nuestras familias de origen plasman muchos aspectos en nosotros. La mía me inculcó una fuerte ética de trabajo que me hace seguir trabajando tan arduamente a la edad que tengo ahora cómo cuando tenía 13 años.

No existe el «no puedo», solo el «no quiero». Hazlo bien al primer intento.

Si está roto, intenta arreglarlo.

Si eso no funciona, busca o paga a alguien para que lo haga.

Los trofeos son para los ganadores.

Todos los demás tienen la satisfacción de haberlo intentado.

He visto a mi padre regirse por estas premisas toda mi vida; y ahora, a los 90 años, ¡todavía lo hace!

¿Cuáles son algunos de los principios que aprendiste de tu familia?

¿Quién fue la persona más influyente en tu vida a la hora de fijar un objetivo e ir tras él? ¿Qué te enseñaron sobre el dinero, sobre pedir ayuda a los demás?

Tengo varios amigos que son recaudadores de fondos profesionales. Hace poco le pregunté a uno al que admiro especialmente: «Si pudieras señalar un aspecto que impide a la gente recaudar dinero con éxito, ¿cuál sería?». Sospechaba cuál sería su respuesta por mi propia experiencia en la recaudación de fondos, pero quería que la confirmara. Aquí está. Es una palabra corta y desagradable de cinco letras: *miedo*. El miedo a fracasar y el miedo al rechazo: *¿Y si no puedo hacerlo? ¿Y si hago enfadar a los demás mientras lo intento?*

Algunas personas que tienen verdadero miedo a estas preguntas han tenido la experiencia de fracasar en algo y/o han recibido una respuesta airada de alguien a quien admiraban cuando pedían ayuda. Pero un momento, ¡esta situación también es cierta para *todos nosotros*! Todas las personas hemos fracasado, y todas hemos decepcionado o enfadado a alguien importante en nuestras vidas. Y hemos aprendido a seguir adelante. Hemos aprendido nuevos enfoques para la resolución de problemas y para obtener la ayuda de las demás personas. Creo firmemente que *cualquiera* que tenga una pasión ardiente por algo puede aprender a compartir esa pasión con los demás *y a* solicitar su apoyo.

Recuerdo haber visto un cartel en un túnel muy bajo que iba desde el aeropuerto de Heathrow, en Londres, hasta nuestro hotel adyacente. El cartel decía: *Cuidado con la cabeza*. Yo mido más de dos metros, así que hice caso a la advertencia.

Cuando se trata de recaudar fondos, tenemos que «cuidar la cabeza». Tenemos que aprovechar los mensajes fuertes y positivos que otras personas han impreso en nosotros y extraer de ellos el valor y la confianza que necesitamos para recaudar fondos. También es posible que tengamos que sobrescribir otros mensajes que nos frenan.

Busque en sus primeras experiencias ejemplos de éxito. El éxito genera confianza, y la confianza conduce al éxito. Lo más probable es que si hizo algo con éxito una vez, puedas volver a hacerlo. Esto incluye pedir dinero a la gente.

A veces los temores sobre la recaudación de fondos provienen de una especie de proyección psicológica. Proyectamos en los demás nuestra propia incomodidad al hablar de dinero. La voz en nuestra cabeza dice: «*No puedo hablarles de dinero porque les hará sentirse incómodos*». Pero, ¿quién se siente realmente incómodo? Esa voz aumenta la angustia: *Si les pido dinero, sentirán que me estoy aprovechando de nuestra relación*. ¿Hubo algún momento en el *que* sintió que alguien se estaba aprovechando de su relación con esa persona? ¿Está proyectando ahora ese sentimiento negativo en otra persona?

«Cuidar la cabeza» significa entender las cosas que se arremolinan dentro de nuestro cerebro. Significa agarrarse a lo que es sano y útil y reforzarlo con nuevas experiencias. Si nunca ha tenido una experiencia positiva pidiendo a la gente que dé dinero para algo que le importa, pruebe esto: Ahora mismo, salga, encuentre a alguien que conozcas y le importe, y pídale 20 dólares para apoyar una causa en la que está participando. Puede ser algo que su comunidad religiosa esté haciendo para ayudar a las demás personas, una recaudación de fondos especial para un proyecto en el trabajo, o incluso colaborar con su propio dinero para comprar flores para un amigo común que esté pasando por un momento difícil. En serio, ¡hágalo!

Si no recuerda nada más de este capítulo, recuerde esto: *La gente da a la gente que conoce, en la que confía y a la que le importa.*

Si ha recaudado los 20 dólares de alguien que conoce y le importa (y que le conoce, confía y se preocupa por usted), entonces ya está entendiendo cómo funciona esto. Esa es la salsa secreta para recaudar fondos con éxito. Intentar recaudar dinero sin este tipo de equidad relacional no es imposible, pero es mucho más difícil.

Volviendo a mi aventura de recaudación de fondos para los niños de Jerry, la gente colaboraba con nuestros esfuerzos porque (1) nosotros mismos éramos niños, (2) se preocupaban por nosotros, (3) todos en el barrio nos conocía a nosotros y a nuestros padres y (4) confiaban en nosotros porque sabían del telemaratón anual.

La gente da a las personas que conoce, confía y se preocupa por ellas

¡Aclare su forma de pensar sobre el dinero! Piense en su cabeza. Dedique un tiempo a pensar en lo que cree con respecto al dinero y/o las posesiones materiales.

Esto es lo que creo: nací sin nada y moriré sin nada. Todo lo que hay entre esos dos acontecimientos significativos en mi vida es mío para administrarlo de la mejor manera posible en beneficio de las demás personas: mi familia, mi comunidad y el mundo en general. Quiero ser responsable en la forma en que administro mis «cosas». Y es un honor invitar a otras personas a invertir en las obras que creo que marcarán una diferencia positiva en el mundo.

El dinero no es algo sucio; el problema es *el egoísmo* con el dinero. ¿Mis posesiones materiales son simplemente para mi propio placer o se me han confiado para un bien mayor?

Hice un trabajo en grupo para recaudar dinero para un proyecto artístico. Tuve que replantearme la idea de pedir dinero a mis amigos. Me habían enseñado a no pedir, sino a ganarme todo lo que necesitara. Pedir dinero me parecía de mala educación. Además, me enseñaron —de forma incorrecta— que «el dinero es la raíz de todos los males[1]». Estas ideas estaban grabadas en mi mente, así que no podía pasarlas por alto; tenía que enfrentarme a las ideas que daban vueltas en mi cabeza. Me ayudó mucho que una persona a la que admiro profundamente hiciera la primera donación de 500 dólares de mi campaña y desafiara a otras personas a hacer lo mismo. Utilizó la experiencia que tenía con personas por fuera de mi círculo de influencia para apoyarme. Así es como funciona el trabajo en red.

Cuando decidí lanzar la campaña, había previsto que algunos podrían sentirse ofendidos. Un amigo percibió esta lucha dentro de mí y me desafió: «¿Dudarías en pedir a alguno de estos amigos que te ayudara a descargar el equipo que compraste para tu proyecto? ¿Dudarías en pedirles que oraran (o animaran) por tu proyecto artístico?». (La respuesta a ambas preguntas fue «no»). «Entonces, ¿por qué, dudarías en pedirles su donación?». Y, ¿sabe qué? Tenía razón.

Pregúntese qué es lo peor que podría pasar si pidiera dinero a alguien para apoyar algo en lo que cree y que realmente siente que puede mejorar la vida de los demás. ¿Merece la pena que arriesgue el éxito del proyecto por *no* pedir apoyo?

No es mendigar si se trata de algo en lo que cree que vale la pena invertir y que mejorará la vida de otras personas. Simplemente, está invitando a quienes les pide apoyo que se conviertan en inversores en el sueño y que experimenten la alegría de dicha inversión.

David Steindl-Rast dice lo siguiente sobre la opulencia:

> «La palabra *opulencia* sugiere que todo lo que entra nunca sale. Nuestra sociedad de la opulencia sigue siendo opulenta haciendo los recipientes más grandes cuando están a punto de desbordarse, como una fuente con sus hermosos velos de agua que se derraman. La economía de la opulencia exige que las cosas que eran especiales para nosotros el año pasado se den ahora por sentadas; así que el recipiente se hace más grande, y la alegría del desbordamiento, el agradecimiento, se nos quita. Pero si hacemos el recipiente cada vez más pequeño reduciendo nuestras necesidades, entonces el desbordamiento llega antes y con él la alegría del agradecimiento, es el desbordamiento lo que brilla al sol[2]».

Los seres humanos son, por naturaleza, generosos. Cuando lea algunas de las tendencias actuales sobre las donaciones en Estados Unidos, por ejemplo, verá lo generosos que somos. Lamentablemente, gran parte de esta generosidad se vuelca hacia el interior, hacia el egoísmo. Pero, «pensemos» y aclaremos nuestras ideas sobre la recaudación de fondos: invitar a las demás personas a donar a una causa que merece la pena, hace que la generosidad se dirija de nuevo hacia el exterior, y ahí es donde empieza la alegría: la alegría de dar a algo más grande que nosotros mismos.

16

REUNIR TODO LO QUE SE NECESITARÁ

Craig Gilbert

En el capítulo 14 hablamos de los equipos que necesitará: personas reales, que emprendan acciones reales, que alcancen logros reales para que su servicio de adoración funcione. Luego, en el último capítulo, Gary Shockley habló del reto de reunir los fondos necesarios para la iniciación. Este capítulo está dedicado a todas las *herramientas* que necesitará: todas esas herramientas mágicas (en realidad, elementos comunes) necesarias para poner en marcha este proyecto y acercarse cada vez más a la realidad.

¿Preparado(a)? Hagamos algunas listas.

Empecemos por entender la diferencia entre las cosas que *necesita* y las que *tiene que comprar*. Lo que necesita son todos los elementos que necesitará para que su servicio funcione. Ahora nos ocuparemos de esa lista. Su lista de compras se determinará comparando la lista de lo que necesita con una lista de lo que ya tiene o que puede conseguir sin comprarlo. Nos ocuparemos de esa otra lista un poco más adelante en este capítulo.

¡ANTES DE HACER LAS COMPRAS! Debo hacer una advertencia. ahora mismo. Se que solo tiene las mejores intenciones. Quiere hacer lo correcto, pero casi no puede evitarlo: quiere comprar cosas para este servicio. No más tarde, sino ahora. Usted y su equipo probablemente ya haya desarrollado ideas sobre lo que quieren, lo bonito que será todo, lo vanguardista que será la tecnología, la comodidad de las sillas, etc. Ha estudiado a fondo todos los capítulos anteriores en los que se le pide que piense, ore, busque, cuestione y luego piense y ore de nuevo. Y ahora, por fin, ha llegado a una actividad que le apasiona: ¡las compras! Es posible que tenga su cuenta de Amazon con una a lista de productos favoritos en su navegador y todo lo que necesita puede llegar en dos días o menos. Pero le pido… insisto: ¡Por favor, espere! Lea primero todo este capítulo. Y si después de leerlo, todavía siente la necesidad de comprar, puede continuar. Todo lo que puedo decir es: «¡Lo intenté!».

Lo que necesita comprar

Esta lista será inicialmente sencilla para los propósitos de este libro. Tendrá que adaptarla a su ubicación o sala específica, el número de asistentes previstos, el estilo de culto que haya elegido, etc. Sin embargo, aquí está la lista básica de las cosas que necesita:

1. Mobiliario (incluyendo asientos para los asistentes y los presentadores; mesas, si son necesarias; un podio[1], si es necesario, etc.)
2. luces (luces de la sala y del escenario, si son necesarias)
3. el sonido (sus necesidades acústicas variarán en función del estilo del servicio, el tamaño de la sala, etc.)
4. Proyección de video (si se desea)
5. Himnarios, cancioneros y/o biblias para los bancos (si se desea)
6. Artículos sencillos relacionados con la hospitalidad básica (cafeteras, tazas y platos, etc.)
7. Equipo, mobiliario y plan de estudios necesarios para los niños

8. Pintura fresca y/o materiales para el suelo (según se desee, especialmente si la zona de los niños o el vestíbulo de la entrada no tiene buen aspecto)

9. todo lo relacionado con la seguridad, suficiente para cumplir con todos los requisitos y normas legales locales, estatales y federales (es posible que se le exija crear ejercicios de evaluaciones de riesgo con fines de supervisión gubernamental o eclesial. Realizar dichas evaluaciones es una buena práctica, incluso cuando no se requieran).

10. Si su sala de reuniones es demasiado grande, puede considerar la posibilidad de utilizar separadores de espacio para ayudar a reducirla al nivel de intimidad preferido.

11. Cualquier aparato electrónico o elemento relacionado con la tecnología en línea: ¿Qué elementos y servicios necesita para que su servicio de culto (o una experiencia comparable) esté disponible digitalmente?

Bien, eso es todo. Hacer la lista de lo que necesitará es literalmente así de sencillo. Puede que se le ocurran algunas categorías más que añadir a medida que vaya avanzando, pero intente no hacerla más difícil.

A continuación, siéntese y sueñe con el aspecto y la sensación que quiere que tenga la habitación y cómo puede ayudar a ello el mobiliario. Con suerte, su sala de reunión ya tiene luces, pero posiblemente quiere algo más. En las habitaciones más antiguas, el simple cambio a lámparas y bombillas LED puede suponer una gran diferencia sin necesidad de una costosa revisión del sistema eléctrico. Si ya hay un sistema de sonido en la sala de reunión o una caja de resonancia disponible para su uso, deberá hacer una evaluación de su utilidad para el servicio que planea. Haga una lista de los elementos de sonido que podría añadir para que se adapte mejor a las necesidades de su servicio de culto. La proyección de video, si es necesario añadirla, conlleva muchas variables y posibilidades, como elegir entre proyectores y pantallas en lugar de televisores. Hay que pensar en lo que quedaría bien y funcionaría mejor en su entorno. También tendrá que pensar en cámaras y equipos de grabación para su presencia en línea. Y tendrá que tener al menos un ordenador que sirva de «cerebro» de toda la operación.

Es muy útil consultar con profesionales del sector, especialmente cuando se trata de tecnología. Incluso a la hora de elegir cosas como el mobiliario y el diseño básico, contar con el asesoramiento de un profesional puede ahorrarle mucho tiempo y dinero. Unos pocos dólares gastados para obtener asistencia profesional en esta fase pueden ahorrarle miles de dólares y muchos dolores de cabeza más adelante. A veces, las personas profesionales del sonido, la iluminación y la tecnología, así como los diseñadores de interiores, no exigen que les compre nada. Si lo prefiere, pueden contratarse solo como asesoras.

A menos que su iglesia sea muy diferente de todas las iglesias con las que he trabajado, habrá muchas opiniones sobre todos estos puntos. Analice las opiniones y las opciones, finalice su lista de lo que necesita y prepárese para comparar lo que se necesita.

Pero espere, aún no puede ir de compras; va a necesitar un presupuesto. No se trata de un presupuesto semanal. Se trata de su presupuesto general para «poner en marcha este servicio». Puede pensar que sabe lo que quiere con la lista de compras que acaba de hacer, pero lo que realmente puede comprar está limitado por el presupuesto que su iglesia puede pagar. Así que, ahora mismo, determine cuánto tiene que gastar en todo lo que necesita (o quiere) para poner en marcha este servicio de manera correcta. A continuación, siéntese con su lista y, al menos, reúna cotizaciones de precios de artículos específicos. A continuación, haga una nueva lista de tus artículos, priorizados por necesidad, precio y presupuesto. ¿Suena bien?

Ahora, espere, tengo que detenerle de nuevo porque aquí es donde el tren puede salirse de las vías, al principio del proceso. Lo llamo el «síndrome de la remodelación». Funciona así: decide que quiere hacer algunas mejoras en la casa: un poco de pintura, quizá un suelo nuevo, cambiar una lámpara aquí o allá, etc. Así que se hace una lista de las cosas que necesita y se dirige al almacén local de mejoras para el hogar. Compra la lista de los materiales que necesita y se dirige a casa, listo para ponerse a trabajar con todas las compras nuevas y relucientes. Sin embargo, cuando empezamos a trabajar en nuestro proyecto, descubrimos que falta una herramienta necesaria. Y quizás también necesitamos algunas piezas más de [*lo que sea en que estas trabajando*]. Y, lo que es peor, ha seleccionado un artículo que simplemente no funciona en su situación y se ha dado cuenta de que necesita hacer un cambio. En cualquier caso, inevitablemente, después de una o dos (o *varias*) visitas al almacén, descubre que se ha sobrepasado el tiempo asignado al proyecto y, a menudo, también se ha sobrepasado el presupuesto previsto.

He visto cómo muchas iglesias caen en esta trampa al iniciar un nuevo servicio de culto. La lista de materiales casi siempre comienza con un *¿Qué necesitamos?* o *¿No sería estupendo si tuviéramos…?* Los costos se acumulan rápidamente. A menudo, el precio de todo ello supera el presupuesto inicial mucho antes de que se tenga en cuenta todo lo necesario. Un profesional del sector puede ayudarle a priorizar los elementos de su lista. Muy a menudo, hay un elemento en la lista de compras que un miembro del equipo piensa que debería estar al principio de la lista, cuando en realidad, si se habla con un profesional, se descubriría que debería estar hacia el final.

Entonces, ¿cuál es otra forma de abordar este proyecto que podría ahorrarle tiempo y, sobre todo, dinero? Yo lo llamo «El método MacGyver».

El método MacGyver

A finales de los años 80 (y luego en un reinicio a partir de 2016), hubo una serie de televisión de acción y aventura llamada *MacGyver*. El protagonista, Angus «Mac» MacGyver, era un tipo brillante que en cada episodio resolvía problemas complejos y luchaba contra el crimen, utilizando su ingenio y cualquier elemento que pudiera encontrar a su alrededor, como su navaja suiza y un rollo de cinta aislante. Reuniendo algunos materiales, parecía que *no había nada que* este personaje no pudiera hacer o construir para resolver cualquier problema. Vamos a utilizar este espectáculo como inspiración para desarrollar un método paso a paso para reunir materiales *antes de* empezar a comprar cosas nuevas, permitiendo que su presupuesto se estire al máximo.

Artículos ya disponibles

Lo primero que debe hacer es lo que hace MacGyver cuando tiene que resolver un problema: hacer una evaluación exhaustiva de todos los materiales que ya tiene. Revise la sala que ha seleccionado y determine qué es lo que ya está allí, listo para ser utilizado. A continuación, revise todas las habitaciones, armarios, sitios para almacenar, etc., de su iglesia para ver qué otros objetos hay alrededor y que puedan ser utilizados de nuevo. Recuerde que un enfoque MacGyver tiene éxito porque MacGyver encuentra usos nuevos para los objetos viejos, normalmente desechados. Por cierto, muchas personas de la Generación Milennial han demostrado ser muy hábiles en estos aspectos. Dé un vistazo a las redes sociales y a los sitios de comercio electrónico como Pinterest y Etsy, por ejemplo, para encontrar todo tipo de ideas de reutilización de objetos. Mejor aún, encuentre a alguien en su equipo que sea bueno en la reutilización y ponga esa persona a trabajar. Mejor aún, encuentre a personas que aún no están en su equipo y comparta con ellas lo que cree que tienen que hacer en este sentido.

Ahora, diríjase a sus equipos y pídales que trabajen con sus contactos para ver qué artículos pueden encontrar a bajo costo o sin costo. Puede que haya cosas en sus casas que sean útiles para el proyecto. Sé que después de años de tocar en grupos musicales, tengo suficiente equipo de sonido, cables e instrumentos (guardados y sin uso) para equipar una sala de tamaño pequeño o mediano. También puede consultar con otras iglesias de su zona. No tenga miedo de preguntar al personal de otra iglesia sobre los artículos que puedan tener guardados y que ya no utilicen que usted podría utilizar o reutilizar; puede que encuentre justo lo que necesita y puede que ellos estén encantados de deshacerse de objetos que no están utilizando y liberar su limitada capacidad de almacenamiento. (He organizado muchos sistemas de sonido sólidos y que funcionan bien de esta manera, ahorrando miles de dólares de inicio). Los grandes almacenes de su comunidad que están cerrando pueden vender sus estanterías, armarios ajustables u otros accesorios a precios de liquidación. Puede que consiga a un precio muy bajo un artículo nuevo que habría costado cientos o incluso miles de dólares, y que podría utilizarse en el vestíbulo de su iglesia, en la zona de los niños o como almacén.

Recuerde que siempre puede actualizar el equipamiento más adelante si lo necesita. La compra de ciertos artículos que realmente quiere para el servicio de culto podría retrasarse hasta que tenga una buena evaluación de que su comunidad nueva de culto va a funcionar. O puede ser que, después de vivir el servicio nuevo de culto durante seis meses, descubra que no está utilizando tanto como esperaba una herramienta particular que compró, y que realmente necesita una actualización en otra área, por lo que puede decidir vender ese artículo subutilizado con el fin de crear fondos para la herramienta que más necesita. Si tiene un equipo que funcione por ahora, no hay nada malo en retrasar la compra de artículos más caros hasta que su comunidad nueva esté en funcionamiento.

Haga su lista, reúna esos artículos y prepárese —posiblemente— para sorprenderse.

Ahora, puede sentarse con las dos listas que ha hecho: la lista de los artículos que necesita/desea y la lista de los que tiene. A continuación, puedes aplicar el «método MacGyver».

Ingenio

La principal herramienta de MacGyver era aparentemente su conocimiento de todo. Usted además de sus propias habilidades, tiene dos formas de aprovechar el ingenio: encontrar personas con conocimientos y utilizar Internet. Encuentre a personas que tengan conocimientos reales en las distintas áreas de su lista de compras. Pregúnteles si están dispuestas a donar su tiempo para asesorarle en este proyecto. Aunque tenga que pagarles por su tiempo, la inversión puede ahorrarle cientos, incluso, miles de dólares al final. Aproveche la experiencia de estas personas y de Internet para evaluar los objetos que ha recogido anteriormente y determinar cuántos de ellos pueden reutilizarse en su servicio religioso nuevo. Recuerde que los expertos a los que consulte pueden ver en los objetos usos potenciales que usted no ve.

Navaja suiza

A continuación, empiece a trabajar con los objetos útiles que ha identificado. Comience imaginando todas las formas de utilizarlos. He visto mesas convertidas en púlpitos y una colección de sillas que no hacían juego dispuestas de forma ecléctica que, sorprendentemente, resultaban cálidas, acogedoras e incluso hogareñas. Como dije anteriormente, he instalado sistemas de sonido y proyección con piezas «en desuso» y a menudo solo he tenido que complementarlas con algunos elementos más nuevos para que el sistema estuviera listo para su uso. Sea creativo, imaginativo y ore y no tenga miedo de probar cosas diferentes. Al fin y al cabo, si un elemento reutilizado no funciona, no has perdido nada, y la posibilidad de ganar algo maravilloso —y posiblemente *gratuito*— merece el esfuerzo.

Cinta adhesiva

De alguna manera, en el mundo de MacGyver, no parece haber nada que no pueda arreglarse con cinta adhesiva (y, tal vez, con un poco de alambre de seguridad). En este contexto, me refiero a la cinta adhesiva como ese «algo» mágico que hace que un elemento que está a punto de fallar funcione. En mi experiencia, todos los equipos tienen uno o dos miembros que tienen un «cerebro de cinta aislante» que es perfectamente adecuado para resolver todos esos problemas finales de «si pudiéramos hacer que esto funcionara». Encuentre a esas personas, atesórelas y deje que hagan su magia. Todo este proceso es otra gran manera de involucrar a su comunidad nueva de culto. Si las personas a las que invita tienen la oportunidad de invertir, trabajar y dar juntas su opinión directamente en la creación de su espacio de culto, ¡estarán conectadas incluso antes de iniciar el servicio! Hasta que no pregunte, nunca sabrá qué habilidades y talentos nuevos encontrará entre sus nuevos adoradores.

Bien, ya ha hecho la lista de las cosas que necesita. Ha determinado su presupuesto. Ha hecho un inventario de los artículos que ya posee y ha comparado la lista de artículos que necesita con la lista de los que ya tiene. Ha aplicado el método MacGyver, ha sido increíblemente creativo y ha ahorrado dinero en todas las áreas posibles.

Ahora, por fin, puede ir de compras.

17

CONFORMAR SU EQUIPO DE DISEÑO DE ADORACIÓN

Craig Gilbert

Una vez que sus metas y objetivos para el nuevo servicio de adoración se han establecido, es el momento para formar el equipo de diseño del culto que dirigirá este trabajo. Es posible que los miembros que crearon la visión del nuevo servicio puedan ser la mejor opción para planificar y construirlo; en este punto, son sin duda algunas de las personas más informadas en lo que respecta a las áreas de la visión que se utilizarán para impulsar el nuevo diseño. Sin embargo, si hay algunas personas clave que no fueron seleccionadas para participar en las conversaciones sobre la visión, entonces querrá seleccionarlas para la parte de planificación de este esfuerzo. Además, es posible que algunas personas hayan aportado un gran valor a la visión, pero que no estén tan preparadas para dar vida a esa visión de forma que pueda producirse semanalmente.

Entonces, ¿a quién necesitará? Tenemos algunas sugerencias. Aunque los títulos exactos de los puestos de trabajo pueden diferir de los de su contexto, lea las siguientes descripciones y hágalas coincidir con su propio personal lo más posible.

El Pastor(es)

Aunque esto puede parecer algo fácil de entender, hay varias realidades en las iglesias de diferentes tamaños cuando se trata de elegir qué pastor o pastores formarán parte del equipo de lanzamiento.

El pastor predicador

En algunas iglesias, el pastor que predicará en el servicio nuevo no es el pastor principal de la iglesia mayor. Es imperativo que el pastor que va a predicar la mayor parte del tiempo esté en el equipo de lanzamiento, aunque sea a distancia, desde otro lugar. Este pastor debe contribuir al diseño general del servicio. No hay razón para gastar tiempo en la construcción y el lanzamiento de un servicio si el pastor que predica no se siente cómodo con el servicio que va a dirigir.

El pastor principal

Si el pastor que predica el servicio es un pastor asociado o un pastor del campus, el pastor responsable de la visión general de toda la iglesia puede querer estar también en el equipo de lanzamiento, al menos de forma intermitente. Si no es así, sin duda tendrá que estar al tanto del trabajo del equipo de diseño del culto para asegurarse de que la implementación de la visión sigue encajando en la visión general de la iglesia. A menudo es más fácil si el pastor principal está en el equipo desde el principio y observa el proceso desde sus orígenes. Esto permite que el pastor principal comprenda mejor las conclusiones a las que se llega con el diseño final. Sin embargo, hay que tener en cuenta que el pastor líder también debe entender que el pastor predicador de este servicio puede, a veces, tener más que decir sobre el diseño final que el pastor líder.

En el libro de Paul Nixon *Multi: The Chemistry of Church Diversity* (*Diversosi: La química de la diversidad de la iglesia*), hay una sección que trata de la relación crítica y de colaboración entre los pastores en relación con una nueva comunidad de culto. Demasiadas comunidades de fe nuevas son saboteadas cuando hay una falta de alineación entre los pastores y/o falta de atención al contexto único de cada comunidad de culto.

El líder musical

Independientemente del estilo final del servicio de adoración, es ciertamente importante que la persona que elegirá para desarrollar y dirigir la música esté en el equipo de diseño del culto. Es la persona que mejor conoce los recursos disponibles actualmente en la iglesia, los puntos fuertes y débiles del programa musical actual y lo que se necesitará si se toman decisiones musicales que requieran la inclusión de músicos, cantantes, sonido y tecnología, iluminación y cualquier otra aspecto fuera de esos parámetros.

Si va a contratar a una nueva persona para supervisar la música en este nuevo servicio, hay algunas consideraciones muy serias que deben tenerse en cuenta. Entraré en mayor detalle sobre la persona responsable de la música, incluyendo cuándo y cómo contratar, etc., en el capítulo 23, «Selección de la música y los músicos».

Visuales

Hoy en día, casi todos los servicios nuevos de culto incluyen algún tipo de elementos visuales proyectados. Esto ocurre a menudo incluso en formatos de culto muy tradicionales. En todo el mundo, vemos pantallas en todo tipo de instalaciones, incluso en catedrales antiguas. Puede ser muy útil que la persona que va a dar vida a sus servicios de culto cada semana, utilizando pantallas de video, forme parte del proceso de diseño. Las personas con experiencia en este campo saben lo que funciona ahora y lo que podría hacerse en el futuro, y suelen tener perspectivas de futuro: «¿Sabes qué sería genial en nuestro servicio...?»

Las personas que aportarán las mejores habilidades en términos de visuales y otros liderazgos técnicos, a menudo son más jóvenes y han sido menos activas en el pasado en la participación en la iglesia que la persona media de su congregación. Como tal, a menudo sirven para ampliar la perspectiva de vida del equipo de planificación del culto. Es posible que tenga que esforzarse más para convencer a personas más jóvenes, más experimentadas y/o más creativas para que se unan al equipo. Pero no se limite a establecerlo; haga el trabajo. Invítelas a un café, escuche sus historias e ideas y demuéstreles que no solo serán escuchadas, sino que también se les dará espacio para crear. Lo único peor que buscar el talento que necesita, es reclutar ese talento y luego restringirlo a trabajar dentro de una caja pequeña de ideas predeterminadas de lo que es correcto y bueno. Recuerde que está construyendo este servicio nuevo de culto para *salir de* una caja. Las personas con habilidad y creatividad en el área de las artes visuales, son justamente el tipo de personas con talento que pueden guiarle en ese sentido.

Un coordinador/decorador de instalaciones

Se trata de una persona que se asegura de que el edificio esté ambientado adecuadamente cada semana. Aunque puede o no aportar un alto nivel de creatividad al proceso, esta persona proporcionará una visión práctica de lo que es posible en el espacio seleccionado. El coordinador o decorador de las instalaciones no tiene por qué ser un miembro del equipo de diseño del servicio de adoración, siempre que alguien del equipo se encargue de comunicarse con esta persona después de cada reunión. Sin embargo, según mi experiencia, puede ser muy útil que el coordinador/decorador de instalaciones forme parte de las discusiones sobre el diseño del culto desde el principio. A medida que esta persona escucha los planes que van surgiendo, va pensando en la logística que conlleva de principio a fin. Se trata de una persona que, como verá, tiene la capacidad de resolver los problemas antes de que usted sepa que los tiene.

El coordinador en línea

Dependiendo de cómo vaya a enfocar su presencia en línea, el diseño de su culto necesita la aportación de la persona que será responsable de hacer que el servicio de culto esté disponible para las personas que no están en la sala. El coordinador en línea debe ser sus ojos y oídos para integrar esa perspectiva en sus diseños de culto. En algunos casos, puede liderar un equipo totalmente diferente que tome las grandes ideas del servicio de culto en persona y cree algo que sea más apropiado y relevante para la comunidad reunida a través de la web, tal vez una experiencia en línea de menor duración que el servicio principal, por ejemplo, 30 minutos más o menos. Mientras que su equipo puede estar acostumbrado a organizar servicios de culto que funcionen para las personas en el edificio, el coordinador en línea debe pensar constantemente en cómo el servicio funciona y atrae a quienes asisten desde otros lugares y en otros momentos (para más información sobre el papel del coordinador en línea, véase el capítulo 20, «Como conectar bien en un mundo digital», y el capítulo 21, «Pensar en dos vías: Digital y presencial»).

Conectar los equipos

Por último, revise todos los equipos previstos en el capítulo 14, «Pensar en los equipos que necesitará». Al menos una persona de su equipo de diseño del culto tendrá que ser la persona de contacto principal para los líderes de cada uno de los otros equipos críticos, con el fin de comunicarse sobre el servicio de culto en general. También es muy útil que, al menos una vez al trimestre, invite a todas las personas líderes de los equipos a reunirse para hacer un resumen y una evaluación del progreso que incluya el punto de vista de cada persona responsable del servicio. Estas reuniones grandes ofrecen una oportunidad magnífica para que la gente vea la interconexión de sus esfuerzos. Es demasiado fácil aislarse unos de otros, sin darse cuenta de que cada equipo depende del éxito de todos los demás para el éxito de su servicio nuevo de culto.

Ahora que tiene el equipo de diseño de la alabanza construido, todo lo que necesita hacer es aprender a trabajar juntos. Y como pronto verá, hemos escrito el capítulo 19, «Cómo llevar a cabo buenas reuniones», precisamente con ese propósito.

18

PROMOVER LA DIVERSIDAD ÉTNICA

Tyler Sit

A muchos líderes ministeriales les interesa formar equipos multiétnicos por muy buenas razones. Las proyecciones sugieren que las personas blancas serán minoría por primera vez en la historia de Estados Unidos para el año 2045[1]. Esto significa que los plantadores de iglesias y los pastores blancos con visión de futuro tienen una nueva motivación para crear equipos racialmente diversos, en aras de mantener la eficacia de la iglesia en el futuro.

Como plantador de iglesias de una iglesia multiétnica compuesta en un 90% por millennials y Genración Z -New City Church (Iglesia, Nueva Ciudad) en Minneapolis, Minnesota (grownewcity.church)– he sido testigo de un cambio radical en los círculos de plantación de iglesias, particularmente después del asesinato racista de George Floyd en nuestra ciudad, que ocurrió a pocos pasos de donde rendimos culto. Hace cinco años, oía con frecuencia a la gente referirse a New City Church como un ministerio de nicho que era bueno en términos de «misión», pero no el futuro de la iglesia en general. Ahora, los pastores me llaman regularmente para que les consulte sobre cómo hacer que el futuro de la iglesia sea más diverso desde el punto de vista racial.

Como prefacio a lo que tengo que compartir, vale la pena señalar que este es un consejo que doy a los plantadores de iglesias blancos o a las iglesias blancas que quieren diversificarse, aunque muchos de estos principios también son válidos para comunidades de color racialmente homogéneas (como, por ejemplo; un ministerio coreano).

No soy un experto, sino un profesional: transmito lo que veo que funciona, pero no pretendo ser una autoridad preeminente en esta materia. Mi perspectiva se basa en mi identidad como asiático-americano y hombre abiertamente gay. Gran parte de mi formación ha surgido de la tutoría y la orientación en ambas comunidades. Sin embargo, mi primera formación en estas conversaciones proviene de la casa de mi infancia. Soy hijo de un inmigrante de primera generación de Hong Kong y de un inmigrante de tercera generación de Alemania (le digo a la gente que soy medio chino y medio blanco). He visto de primera mano que la comunidad multiétnica es posible y maravillosa. Mis padres me enseñaron que otras culturas no son amenazantes, sino que son útiles. Me enseñaron que la incomodidad requerida para cruzar las divisiones culturales es más que manejable con el amor que Dios nos da. También me mostraron que la comunidad multiétnica requiere riesgo y que, si no se hace por las razones correctas, nos enredaremos en todo tipo de nudos. Con la preparación que recibí de mis padres, he seguido viviendo en cuatro continentes diferentes, aprendiendo de varios constructores de comunidades transculturales y plantando una iglesia multiétnica. Después de todo esto, afirmo con entusiasmo que el trabajo contraintuitivo y vivificante de un ministerio multiétnico es una búsqueda por la que realmente vale la pena luchar.

Tres principios a tener en cuenta *antes* de crear un equipo multiétnico

Principio 1: Su trabajo interior siempre se reflejará en su trabajo en equipo.

La razón por la que tengo más esperanza en la iglesia que en las organizaciones sin ánimo de lucro, las empresas y los movimientos sociales de los que he formado parte es porque la iglesia crea deliberadamente un espacio para el trabajo interior. Es habitual que utilicemos el lenguaje de la oración, el discernimiento, el llamado, las conversaciones vulnerables e incluso el arrepentimiento; todas ellas son prácticas importantes que reflejan una comprensión de los seres humanos como algo más que un conjunto de acciones. Como dice el refrán: «Somos *seres* humanos, no *hechos* humanos», y lo recordamos mejor cuando atendemos a las prácticas espirituales en comunidad.

Las personas plantadoras de iglesias están bajo mucha presión para producir resultados: generar contactos, organizar eventos, dirigir equipos, preparar sermones a toda prisa... Hay mucho que hacer –para cualquier ministerio, pero, ciertamente para quienes empiezan– y es fácil perder de vista la dirección y el espíritu del entusiasmo en el proceso.

Y en una olla de presión así, la falta de trabajo interior por parte del líder siempre se manifestará. Lo que es cierto para el líder de cualquier equipo ministerial y es *especialmente* cierto para los líderes de un equipo multiétnico.

La razón es que los equipos multiétnicos requieren inquietud. Cada vez que se reúnen personas de dos culturas diferentes, será al menos *un poco* incómodo. Menciono este aspecto porque, en algún momento, la dinámica se hará difícil. Y la distancia cultural presente en el espacio magnificará esa dificultad. Es común que los líderes que no esperan la incertidumbre quieran rendirse una vez que esta llega, porque piensan que están haciendo algo mal. Sin embargo, este es un malentendido clave. La incomodidad no significa que algo esté mal; por el contrario significa que algo está *surgiendo*. Pero cuando la gente experimenta la incomodidad de forma *no intencionada* (en otras palabras, no se mueve conscientemente a través de ella con la imagen más amplia en mente), puede hacer aflorar malos hábitos. Y los malos hábitos mezclados con la incomprensión cultural, son suficientes para hundir cualquier ministerio.

Sin embargo, cuando hemos desarrollado buenos hábitos con nuestras prácticas espirituales, somos capaces de atender nuestro malestar con los tres dones nombrados en Corintios 1 13:13, a saber,

- *la fe* («creo que esto valdrá la pena al final»);
- *esperanza* («sé que es posible aprender y cambiar para ser mejor»);
- y *amor* («creo que el amor de Dios puede ayudarnos a salir adelante»).

Además de prácticas básicas como orar, leer las escrituras y compartir en comunidad, también es importante que todo el equipo considere la salud holística como parte de su trabajo espiritual. Esto puede incluir la terapia, el ejercicio físico, la gestión del presupuesto, la inversión en las relaciones, los pasatiempos, etc. Las relaciones interculturales tienen su mejor oportunidad cuando cada uno se presenta con lo mejor de sí mismo.

Pasos de acción

- Reúna un círculo de apoyo y responsabilidad a su alrededor que incluya el discipulado, la salud mental, la salud física y todas las demás dimensiones entrelazadas de su bienestar. Esta comunidad de apoyo debe extenderse más allá del equipo ministerial de la persona o del círculo de la iglesia.

- Comprométanse como equipo ministerial a no tener miedo a la inquietud, y aumenten su capacidad de navegar por los conflictos a través de disciplinas como la comunicación no violenta, el Inventario de Desarrollo Intercultural (IDI)[2], y más.

Principio 2: Trabaje para que su compromiso coincida con sus intenciones.

Hay dos aspectos clave que deben tener en cuenta las personas que crean equipos multiétnicos:

1. ¿Por qué quiero crear un equipo multiétnico?
2. ¿Qué sacrificaría para conseguirlo?

Cuando la profundidad del *por qué* para iniciar equipos multiétnicos coincide con la altura del *cómo* para lo que está dispuesto a sacrificar, entonces está preparándose para el éxito. A menudo, sin embargo, la gente tiene aspiraciones, incluso respuestas nobles a la primera pregunta, pero no han sido honestos consigo mismos en la segunda pregunta. Esta disonancia hace que la gente se sienta perjudicada, especialmente las personas de color. Los siguientes son algunos casos comunes en los que veo que esto sucede:

La gente puede decir...	... pero sin un compromiso real, dicen:
«Queremos una buena representación en el escenario».	«Nos gusta la óptica de la diversidad, pero no estamos dispuestos a trabajar para cambiarnuestra comunidad para que a la gente de color le guste venir aquí, aunque no esté en el escenario».

[Queremos crear un equipo multiétnico] «Porque los [*negros, inmigrantes, indocumentados, etc.*] están oprimidos».	«Somos conscientes de que hay situaciones de racismo "ahí afuera", pero no estamos dispuestos a interrogarnos sobre cómo nosotros mismos participamos en el racismo».
[Queremos crear un equipo multiétnico] «Porque queremos ser una iglesia que no segrega el color de piel».	«Creemos que Dios creó a todaslas personas como hijos de Dios,pero no estamos dispuestos a reconocer cómo algunos hijos de Dios se benefician del racismo y otros son tratados oprimidos por el racismo».

PASOS DE ACCIÓN

- Individualmente o en equipo (si ya está reuniendo a gente), escriba sus respuestas a las dos preguntas anteriores. Compare estas conversaciones con su presupuesto, su estructura de toma de decisiones y el liderazgo de su ministerio. ¿Reflejan los recursos y el poder de su compromiso de construir un ministerio multiétnico?

Principio 3: Haga de su ministerio un lugar que aborde el racismo de forma directa.

Si no cree que el racismo es real, no construya un equipo multiétnico. Porque tanto si crees que el racismo es real como si no, las disparidades sociales son reales, y crear equipos multiétnicos sin reconocerlo es una forma de negar la realidad. Los estudios siguen demostrando que el color de su piel influye profundamente en la calidad de la atención de salud que recibe, en la probabilidad de ser contratado para un trabajo, en la calidad de su educación pública y en muchos otros aspectos. El racismo afecta a todos los aspectos de la vida. Pretender que el racismo no existe, es pretender que la gente de color no existe. Esto es desconcertante.

Tener una persona negra en tu equipo no hace que su equipo sea antirracista. Oponerse a los sistemas de dominación y poder, aprender la historia de la raza en Estados Unidos desde la perspectiva de la gente de color y presionar activamente para que se produzca un cambio le convierte en una persona antirracista.

Pero permítanme aclarar: nunca se trató de perfeccionismo. Ningún líder, equipo o comunidad puede oponerse a algo tan insidioso como el racismo y no cometer errores. Por lo tanto, la postura que buscamos es la de la humildad, no la de la humillación. La gente de color no quiere que se ande con pies de plomo cuando se habla de la raza, pero si queremos que se mueva si descubre que se está parando accidentalmente en nuestro cuello.

Y permítanme decir esto a los líderes blancos: esto no se aplica simplemente a ustedes como individuos. Si ven que otra persona blanca dice o hace algo problemático, tienen la oportunidad de intervenir para que una persona de color no tenga que educar a otra persona blanca sobre su propia opresión. Todo esto, cuando se construye sobre la base compasiva de las prácticas espirituales, puede acercar a las comunidades de forma contraintuitiva; después de todo, no es solo la virtud de una comunidad lo que crea pertenencia, sino el conocimiento de que seremos corregidos amorosamente si nos equivocamos.

PASOS DE ACCIÓN

- Investige los recursos (estudios bíblicos, libros[3], artículos, planes de estudio, recursos denominacionales, etc.) sobre el antirracismo y discierna cómo Dios está llamando a su ministerio a oponerse al racismo. Cualquier persona de color que eduque sobre este tema debe ser compensada y/o tener una relación profunda con su iglesia.

- Haga una lista. Más allá de las palabras, ¿qué acciones comunican que su equipo está avanzando hacia el antirracismo?

Apoyo con entusiasmo los ministerios con liderazgo multiétnico. Los grupos multiétnicos que colaboran juntos crean una comunidad increíble, soluciones adaptables a problemas difíciles y una historia que muestra al mundo que otro tipo de mundo es posible a través del amor de Dios. La comunidad multiétnica es asombrosa, pero también es el fruto dulce de un compromiso profundo y un gran amor. Con el compromiso de los tres principios mencionados, oro para que usted y su equipo vayan y cambien el mundo de maneras hermosas.

19

CÓMO LLEVAR A CABO BUENAS REUNIONES

Craig Gilbert and Paul Nixon

La mayoría de las buenas reuniones en torno a las actividades creativas se caracterizan por un intercambio libre y saludable de ideas, en lugar de un modelo de directivas en orden descendente. Así que, en un intento de modelar cómo podría ser una buena reunión sobre el tema de la gestión, aquí está una conversación entre nuestros autores.

Paul: Craig, usted y yo hemos pasado lo que parecen años de nuestras vidas en reuniones relacionadas con la iglesia, tanto dirigiéndolas como asistiendo a ellas. A veces son agotadoras y otras veces son muy energéticas y productivas. A lo largo de los años se han desarrollado opiniones fuertes sobre cómo llevar a cabo una buena reunión. Según su experiencia, ¿qué se necesita para una buena reunión?

Craig: Para nuestros propósitos, creo que hay cuatro claves en las que basarse para establecer, dirigir y tener éxito en las reuniones del equipo de adoración: reglas básicas, agenda, roles y oración.

Paul: Antes de desgranarlas, tuviste una experiencia hace unos 15 años que revolucionó tu forma de abordar una reunión. ¿Qué puede decirnos sobre eso?

Craig: Empecé a participar en reuniones de planificación del culto –y, finalmente, a dirigirlas– en el año 2000. Al principio de 1995, las reuniones me parecían emocionantes, pero pronto aprendí que lo que salía de esas reuniones rara vez se ejecutaba según lo planeado; a menudo parecía fragmentado, en el mejor de los casos; y, a veces, incluso fracasaba estrepitosamente. Incluso cuando finalmente me pusieron a cargo de las reuniones, por mucho que me esforzara, me desanimaba la frecuencia con la que el servicio de adoración resultante me hacía preguntarme si nos habíamos reunido y planificado. Entonces, me ocurrió algo en 2006 que cambió mis reuniones para siempre.

Llegué a un punto de mi vida en el que sentí que tenía que devolver algo a la ciudad en la que vivía. Unos amigos me convencieron para que me presentara a la alcaldía y gané las elecciones. Ahora, de repente, ¡estaba dirigiendo algunas de las reuniones más importantes de mi vida!

Paul: ¡Apuesto a que tienes historias que contar! Y creemos que las reuniones de la iglesia son difíciles. Debe haber sido más difícil dirigir una reunión de la ciudad, dado que se trataba de una diversidad de opiniones y preocupaciones aún más amplia que la que experimentan la mayoría de las iglesias.

Craig: Sí y no. Sí, a veces la gente tenía opiniones diferentes, con visiones y programas radicalmente opuestos para la ciudad. Pero, afortunadamente, estas reuniones se regían por una serie de procedimientos y normas impuestas por mi estado. Esto fue un regalo: ¡reglas básicas! Aprender estas reglas, y luego planificar y dirigir las reuniones del consejo municipal según esas reglas, proporcionó una claridad y un enfoque a mis reuniones, que llevo conmigo hoy en día. Además, aprender a calmar a un contribuyente iracundo en un foro público y abierto, con las cámaras encendidas todo el tiempo, es un crisol que moldea algunas habilidades para las reuniones. El tiempo que pasé como alcalde lo cambió todo.

Pablo: Muchos líderes de la iglesia se amilanan cuando empezamos a hablar de las reglas para ordenar una reunión, pero estas reuniones realmente pueden ser muy beneficiosas, ¿no es así? A veces, una reunión sin reglas claras puede convertirse en un monólogo serpenteante del líder del grupo, del personal o del presidente. Y eso puede ser molesto, incluso cuando estamos de acuerdo con la mayor parte de lo que se dice.

Craig: Absolutamente. Es de esperar que haya gente con talento alrededor de la mesa. Gran parte de la reunión consiste en involucrarlos, no en desoírlos. No creo que se necesite un conjunto de reglas documentadas para gobernar la reunión. Pero para que una reunión tenga éxito, al menos la persona líder de la reunión debe tener un conocimiento básico de cómo hacer lo siguiente:

- avanzar en el orden del día;
- escuchar las aportaciones de manera eficaz;
- trabajar en los aspectos difíciles de las discusiones;
- y asegurarse de que la reunión sea justa para todas las personas interesadas.

Ahora bien, he estado en muchas reuniones en las que no ocurre nada de esto. Pero también sé que, si usted siguió los capítulos de este libro y construyó el equipo que le estamos guiando a construir, entonces, cuando se siente a reunirse, estará frente un grupo maravilloso de personas que tienen algo importante que aportar. ¿No quiere que sean capaces de hacer la diferencia en este nuevo ministerio que está construyendo? Entonces, pedirle al equipo que se guíe por un conjunto de reglas eficaces contribuirá en gran medida a ese éxito.

Paul: ¿Usa *las Reglas de Orden de Robert*?

Craig: Más o menos. El aprendizaje de las Reglas de Robert me permitió comprender cómo dirigir una reunión de forma que se respeten las aportaciones de todas las personas involucradas, pero que a la vez permita la formación de lo que uno espera que sea un consenso. Sin embargo, pase lo que pase, el resultado será algún tipo de resolución que esté lista para la acción. Cualquiera que sea el método que un líder utilice como inspiración, ya sea una orden formal, una experiencia previa o simplemente un personaje invitado, el desarrollo de un método para dirigir una reunión, imbuido de una saludable dosis de amor cristiano y comprensión, permitirá que la reunión produzca resultados. Y esto funciona independientemente del tema, desde las finanzas hasta las instalaciones o las discusiones artísticas ultra creativas. Todas las reuniones son más productivas si hay un conjunto claro de expectativas que rigen la forma en que la información y las ideas deben ser compartidas y escuchadas por quienes están presentes. El resultado es personas más felices y productivas, que se marcha con la sensación de haber marcado la diferencia, lo que, a su vez, suele hacer que ellas también sean más productivas.

Paul: Siempre me pone nervioso asistir a una reunión sin orden del día; siento que vamos a perder el tiempo. Y a veces soy culpable de convocar reuniones rápidas, sin un orden del día formal. Pero cuando esto ocurre, lo mejor es que la reunión se centre en un tema en particular.

Craig: El orden del día no tiene que ser publicado. Puede ser simplemente una lista de puntos a tratar en una pizarra. Lo importante es que un orden del día cree un buen flujo para la reunión. Esto produce concordancia y resultados. He comprobado, por ejemplo, que los servicios de culto que adolecen de poca fluidez suelen planificarse en una reunión que también tiene poca fluidez. Una situación lleva a la otra. Cuando su equipo llega a una reunión y hay un patrón productivo en el esquema de culto, entonces usted encontrará que la productividad es el resultado. Después de años de intentar una variedad de arreglos de agenda, finalmente me di cuenta de que, si íbamos a discutir y planear la adoración, entonces tal vez mi esquema de adoración podría ser mi guía para mi agenda. De esta manera, dejamos que el plan de Dios para el trabajo guíe nuestro propio camino para planificar el culto.

Paul: Al pensar en esto, sospecho que lo que tú llamas «buena fluidez» es experimentada por muchos de nosotros en la reunión como simple energía o impulso. Sentimos que vamos hacia alguna parte, con suerte hacia la resolución de una situación o el planteamiento de un nuevo esfuerzo. Pero detrás de ese buen impulso, solemos encontrar una buena hoja de ruta, también conocida como agenda. Y es interesante tu conexión entre las reuniones y los servicios de culto: los servicios con energía tienen una hoja de ruta; a menudo impresa y colocada en nuestras manos. Pero, casi siempre en manos de las personas que nos ¡lideran! Así pues, una hoja de ruta clara puede darnos energía, pero muchas agendas son tan superficiales y apagadas que prometen no llevar a ninguna parte. Así que no sirve cualquier agenda.

Craig: De acuerdo. El orden del día es sólo una hoja de ruta que se crea para ayudarnos a alcanzar mejor los objetivos que tenemos para la reunión. Pero si no tenemos objetivos claros, si nos reunimos por reunirse, la reunión estará muerta. Todos hemos asistido a reuniones en las que nos hemos preguntado por qué era necesaria esa reunión. A veces, esto es el resultado de una mala gestión de las reuniones; pero a menudo se debe a que el equipo se reúne solo porque es «hora de reunirse». El líder del equipo tiene que llegar a cada reunión con metas y/u objetivos claros que deben cumplirse en la reunión. Sin estos propósitos, aseguro que las personas miembros del equipo se quedan pensando: *¿Por qué nos reunimos?*

Paul: Has mencionado la oración como un componente básico de una buena reunión de la iglesia. He oído decir que, si estamos en el equipo de Dios, debemos hablar con Dios cuando estamos en una reunión sobre la obra de Dios. Parece lógico.

Craig: La oración debe ser la primera en el orden del día, la última en el orden del día y en cualquier otro lugar donde se necesite en la reunión. He interrumpido reuniones que empezaban a ser conflictivas e improductivas para dedicarles un tiempo a la oración. Es asombroso como uno o dos minutos de oración silenciosa, calman las emociones acaloradas y hacen que la reunión vuelva a ser productiva. La oración también debe realizarse antes de llegar a la reunión. A menudo recuerdo a los miembros de mi equipo que espero (léase: *exijo*) que dediquen tiempo a la oración antes de cada reunión. Espero que pidan a Dios que guíe sus pensamientos personales, que dirija su discurso y que abra sus oídos para escuchar a quienes asisten y contribuyen. También pido (léase: *animo encarecidamente*) a los miembros de mi equipo que reserven un tiempo inmediatamente después de una reunión para pedir a Dios que ayude a que lo que se ha decidido y lo que queda por considerar esté presente en su caminar diario, para que puedan ser los líderes que han sido llamados a ser y que han aceptado ser.

He asistido a demasiadas reuniones en las que aparentemente se hablaba de Dios, del plan de Dios para el culto, del plan de Dios para la vida de la iglesia –incluyendo decisiones sobre la mejor manera de llevar a cabo esos planes– pero *nunca se consultó a Dios durante la reunión*. Tal vez, al final de la reunión, le pedíamos a Dios que bendijera lo que habíamos planeado. Pero a veces ni siquiera nos tomábamos el tiempo para hacerlo.

Paul: A veces me parece que es necesario centrar la oración en una reunión, en lugar de una oración con muchas palabras que deja poco espacio para que el Espíritu trabaje en nosotros: tranquilidad durante unos dos minutos, y luego una oración hablada que nos lleve de la tranquilidad al trabajo que hemos venido a hacer.

Craig: Paul, ¿qué añadirías, si es que hay algo, a mis cuatro claves para establecer, dirigir y tener éxito en las reuniones del equipo de adoración?

Paul: Podría añadir solo una cosa y hacer una pregunta. En mi trabajo con reuniones prolongadas –como los retiros de equipo– he descubierto una fórmula para una reunión fructífera. Es la siguiente: en el primer tercio del tiempo, hay que encontrar una manera de permitir que cada persona brille, de alguna manera. Para algunas personas, puede ser que nos muestren lo bien que les fue con el informe financiero; para otras, pueden haber seleccionado un poema para leer antes del tiempo de oración; mientras que, para otras, tal vez tocaron un instrumento y compartieron algo de música con nosotros. Para algunas, tal vez contaron un chiste. Para otros, tal vez prepararon algo para comer. Había un miembro de mi iglesia llamada Lillian que hacía postres de nuez que eran tan buenos como los que se pueden encontrar en cualquier restaurante. La invitaba a hacer esos bocadillos azucarados varias veces al año. El punto es que quiero que brille el mayor número posible de personas, para que las demás digan: «¡Vaya, este es un grupo increíble» tengo suerte de poder venir a esta reunión esta noche y pasar el rato con personas con talentos!» Al mismo tiempo, quiero que cada persona sienta que ha sido vista y apreciada por el grupo más grande, por el mayor número posible. Esto es difícil de conseguir en una reunión corta, por lo que es posible que haya que repartirlo, de modo que se necesiten dos reuniones para que todas las personas puedan aprovechar su mejor momento. Yo he aprendido que si la gente se siente apreciada y también siente el reconocimiento por parte el equipo con el que está durante el primer tercio de su tiempo juntos, trabajarán con esmero en el segundo tercio de la reunión; y también he observado que, cualquier acción que se prevea en el último tercio de la reunión, ¡realmente la seguirán y la harán!

Craig: Acabas de dar con una de mis claves para una gran reunión: empezar con lo positivo. Siempre empiezo *dando las gracias* por el trabajo bien hecho, siguiendo con los objetivos de nuestra última reunión. Nos turnamos alrededor de la mesa y compartimos las celebraciones en lo que hemos decidido y promulgado han dado sus frutos.

Nunca es difícil encontrar aspectos negativos, así que quiero asegurarme de que pasamos un tiempo de calidad recordándonos que somos más que nuestros defectos. Cuando empezamos una reunión de esa manera, descubro que casi siempre nos tomamos las críticas difíciles con una perspectiva mucho más sana.

Paul: He aquí una pregunta: ¿Has aprendido algo sobre los ingredientes de una buena reunión en línea que valga la pena añadir aquí?

Craig: En realidad, las reuniones en línea pueden ser un enigma. Aunque pueden ser muy eficaces, también pueden ser tediosas y ahogar la creatividad. La carga de una reunión en línea eficaz recae realmente en el líder. Alrededor de una mesa, físicamente juntos como un equipo, suele haber una energía natural y cinética que puede impulsar el debate y la creatividad. Por desgracia, esa energía rara vez se traduce en línea. El líder suele tener que ser más deliberado a la hora de llamar a la gente por su nombre y animar su participación. Es mucho más fácil que los miembros del equipo se escondan y no contribuyan cuando se utiliza este formato. La gestión del tiempo también puede ser un factor. Esto puede facilitarse cuando la reunión se organiza de tal manera que el líder pueda controlar los micrófonos de todos los participantes; silenciar y desactivar según sea necesario, permite al líder acelerar la participación y limitar las interrupciones no deseadas.

Independientemente del lugar y la hora y de si su reunión es física o digital, si una reunión se planifica bien y se lleva a cabo según lo previsto, con el tiempo descubrirá que su equipo funcionará con la mayor eficacia posible. Sus objetivos le dan un destino y un propósito para su reunión. El orden del día le proporcionará la hoja de ruta para llegar hasta allí. Las normas, al igual que las leyes de tráfico, garantizarán que pueda seguir el orden del día hasta sus objetivos de forma eficiente y con pocos o ningún daño. Por supuesto, todo aspecto se cubrirá con la oración, para que Dios sea glorificado en su trabajo conjunto.

CONECTAR BIEN EN UN MUNDO DIGITAL

Derek Jacobs

Hay muchos escenarios diferentes que las iglesias han utilizado a través de los años para estar en contacto con sus congregaciones, incluyendo lugares como los edificios de la iglesia, locales comerciales, cafeterías, cines, escuelas locales y redes sociales. Cada una de ellas ha proporcionado a las personas oportunidades relevantes para comprometerse y conectarse entre sí.

Pero me pregunto si no seguimos dedicando la mayor parte de nuestro tiempo, energía y recursos a intentar conectar con la gente mediante el uso de espacios físicos en lugar de hacerlo a través de los medios sociales y el ámbito digital. En los últimos años, parece que las redes sociales se han convertido en la forma que la mayoría de la gente utiliza para estar en contacto con las demás personas y establecer relaciones. Dondequiera que vaya, la gente utiliza sus teléfonos inteligentes, tabletas y ordenadores portátiles para interactuar con más personas. Hay expertos en redes sociales por todas partes. Y no son solo los jóvenes los que se comunican entre sí de esta manera, sino también personas de todas las edades.

En la iglesia que pastoreo en Dallas, Texas, el feligrés más antiguo tiene 95 años y tiene una página de Facebook. Incluso antes de la pandemia del COVID-19, cuando no podía venir a la iglesia, veía regularmente nuestros servicios de culto en Facebook. Ahora, a raíz de que en 2020 cada vez más personas se conectan y asisten al culto como nunca, utilizando los medios sociales. La pandemia nos obligó a distanciarnos socialmente y a refugiarnos en el lugar durante meses, cerrando las puertas de los edificios de nuestras iglesias. Esto dejó a muchas iglesias en apuros, tratando de averiguar cómo seguir conectadas tanto con sus congregaciones existentes como con personas nuevas. ¿Cuántas iglesias estaban preparadas para este tipo de cambios? ¿Estaba la iglesia a la que usted sirve preparada para la pandemia, teniendo una transmisión en los medios sociales lista para seguir conectando con la gente e invitando a la gente a participar en el culto? Incluso si la iglesia a la que sirve no es activa en los medios sociales, todos debemos darnos cuenta de que nuestra gente está inmersa en los medios sociales todos los días y, por cierto ahora, más que nunca.

En Mateo 28:19-20, Jesús dice: «Vayan, pues, a las gentes de todas las naciones, y háganlas mis discípulos; bautícenlas en el nombre del Padre, del Hijo y del Espíritu Santo y enséñenles a obedecer todo lo que les he mandado a ustedes. Por mi parte, yo estaré con ustedes todos los días, hasta el fin del mundo». En la década de 2020 y más allá, la Gran Comisión de Jesús de ir donde está la gente y difundir el amor de Dios parece incluir sin duda el uso de los medios sociales, que pueden permitirnos seguir en conexión con la gente de nuestra congregación, así como con personas que nunca pondrán un pie en nuestros edificios de la iglesia.

Entonces, ¿cómo se podemos conectarnos bien y de manera efectiva con nuestra comunidad de fe? Considere estas sugerencias para su estrategia de redes sociales.

- Decida qué plataforma central de medios sociales quiere utilizar. Asegúrese de que esta plataforma sea accesible para su público y que la gente pueda sintonizar y conectarse con usted desde cualquier parte del mundo. Algunas de las plataformas más populares que utilizan muchas iglesias son Facebook, Twitter e Instagram. En mi experiencia, he comprobado que es bueno tener *una plataforma principal* y utilizarla para difundir la mayor parte de tus comunicaciones. Esto mantiene la practicidad, tanto para su equipo de liderazgo como para las personas que buscan conectarse con usted. Recuerde que el objetivo no es hacerlo todo, sino *hacerlo bien*.

- En cuanto a la producción, elija un dispositivo de transmisión con una resolución mínima de 1080p (Full HD). Cuando se transmite el culto, por ejemplo, se quiere que los espectadores vuelvan e inviten a otras personas a conectarse. Un vídeo de mala calidad solo frustrará a los espectadores y les llevará a buscar otra iglesia que ofrezca excelencia. También ofrece a la gente una perspectiva general del tipo de ministerio que usted ofrece.

- Utilice un trípode para tu dispositivo de transmisión. Basándome en mi experiencia, no consideraría que el uso de un brazo de selfie sea eficaz para transmitir. Sostener el dispositivo producirá una transmisión inestable. Los espectadores quieren tener una experiencia de transmisión clara y estable.

- Asegúrese de que la calidad del sonido de la transmisión es buena. Pruébalo a menudo. Es importante que el sonido no esté apagado o demasiado bajo. Los espectadores y oyentes necesitan escuchar claramente lo que comunicamos.

- Compruebe que la red que utiliza es lo suficientemente potente para la transmisión y la grabación. Una red débil puede hacer que su emisión en directo se quede en el búfer y se detenga durante la transmisión. Esto hará que los espectadores abandonen la emisión (si la red Wi-Fi es imprevisible, puede conectarte directamente a Internet para conseguir una conexión más rápida y fiable. Cualquier persona de su congregación y comunidad experta en informática estará encantada de mostrarle cómo hacerlo).

- Cuando transmita su servicio de culto, asegúrese de hacerlo al menos cinco minutos antes de la hora programada. Yo aprendí esto de la manera más difícil. Nos estábamos preparando para el culto y todo nuestro equipo había sido comprobado sin problemas. Pero cuando salimos en directo a la hora programada, nuestro dispositivo de emisión se desconectó de la conexión WiFi. Tuvimos que arreglar el problema y acabamos saliendo en directo con cinco minutos de retraso. Ahora bien, un retraso de cinco minutos puede no parecer mucho, pero la gente espera que empecemos a tiempo. Salir en directo antes de tiempo nos permite solucionar cualquier problema imprevisto.

- Asegúrese de que el fondo de lo que está transmitiendo está limpio y libre de objetos innecesarios. Le sugiero que contrate a una empresa de señalización y cree un telón de fondo bonito. El telón de fondo se puede marcar con su logotipo y la información del sitio web. Esto es prácticamente publicidad y marketing gratuitos. Ofrece a la gente, especialmente a las personas nuevas, una forma de conocer mejor su ministerio y de apoyarlo económicamente.

- Dos o tres días antes de la retransmisión de su evento, asegúrese de invitar a sus espectadores a asistir utilizando su plataforma de medios sociales. Esto puede hacerse publicando, compartiendo, etiquetando, dando «me gusta», promocionando y animando a su gente a organizar grupos para ver el evento. También creo que es muy útil publicar y comentar a menudo y asegurarse de que el contenido es relevante. No queremos ser un fantasma en nuestra plataforma de medios sociales.

- Sea auténtico con lo que es como ministerio. Por naturaleza, soy un competidor fuerte y me gusta divertirme. Por lo tanto, publicamos contenidos que desafían a la gente y la hacen reír. Considere la posibilidad de ofrecer oportunidades de interacción. Lo «aburrido» no es suficiente en Internet: la gente se va rápidamente a otros ministerios o actividades en línea.

- Identifique a una o más personas de su congregación que puedan dirigir su ministerio de medios sociales. Lo hicimos visitando las diferentes plataformas de redes sociales para ver qué miembros utilizaban más estos medios. Luego, simplemente me reuní con estas personas, les expuse la visión de un ministerio de redes sociales y les invité a utilizar sus dones. Si usted es pastor, ya sabe que su plato está lleno; por lo tanto, este ministerio debe ser dirigido por personas laicas dotadas y con talento. Anímelas a publicar durante las transmisiones para que la gente publique, comparta, dé me gusta y se etiquete entre sí. Los líderes de su ministerio de redes sociales también pueden responder a los comentarios y dar la bienvenida a los invitados que están sintonizando. Esto le da la oportunidad de hacer un seguimiento de la gente, responder a sus preguntas y compartir con ellos su visión.

- Ofrezca formas claras para que la audiencia y participantes en línea se comuniquen con usted. El objetivo es siempre crear una relación más profunda para el impacto y el desarrollo espiritual.

- Después de cualquier servicio de culto o evento en vivo, revíselo a fondo para ver si hay algo que pueda corregirse o mejorarse la próxima vez.

- Esté *siempre* preparado para recibir y responder a los comentarios positivos y constructivos.

Entonces, ¿los medios sociales funcionan para las iglesias?

La respuesta corta a esta pregunta es «sí». En nuestra primera semana de concienciación pública generalizada sobre la pandemia de COVID-19, en la que, en 2020, nos vimos obligados a rendir culto exclusivamente en línea, nuestras estadísticas de Facebook indicaron que llegamos a 1.100 personas, con 1.800 visualizaciones de vídeos y 2.100 compromisos[1]. Fue más del doble de lo que había sido nuestra asistencia normal anterior. Y durante semanas después, vimos que estos números aumentaban constantemente. Este tipo de aumento en el número de participantes en el culto semanal fue la experiencia común de las iglesias de todo el planeta, y especialmente de aquellas que estaban preparadas para ofrecer una experiencia atractiva en línea. En todo el mundo, incluso cuando un número de personas se desvinculó durante el año 2020, un número adicional de personas volvió a participar de esta manera, creando a menudo ganancias netas en el compromiso de la iglesia.

Vivimos, cada vez más, en un mundo digital. La gente está en línea, aumentando constantemente su tiempo de pantalla diario y buscando experiencias que ofrezcan esperanza. Depende de nosotros proporcionar esa esperanza. Podemos hacerlo conectando bien a través de los medios sociales. En estos próximos años, más allá de la pandemia, a medida que la gente se sienta segura de volver a reunirse en persona, muchas personas optarán por seguir adorando en línea, al menos una parte del tiempo. Un mayor número de personas que acuden por primera vez a la iglesia lo harán a través de Internet, antes de decidir si vienen a reunirse con nosotros en persona. La iglesia, tal y como la hemos conocido, será significativamente diferente. Todos debemos reconocer que debemos estar preparados para esto, haciendo un uso eficaz de nuestras plataformas de medios sociales para cumplir con esta nueva temporada de conexión con la gente en formas nuevas y relevantes.

PENSAR EN DOS DIRECCIONES: DIGITAL Y PRESENCIAL

Paul Nixon

a may La mayoría de los cambios que se están produciendo actualmente en la vida de las comunidades estaban en proceso antes de 2020; simplemente se han acelerado últimamente.

Derek Jacobs nos ha recordado en el capítulo anterior que la participación en línea como medio central de conexión humana, ha aumentado durante varios años. Hace unos años, dirigí la creación de un campus en línea para una iglesia en Virginia, un proyecto que, en ese momento, era realmente vanguardista. Ahora, en la década de 2020, tener un ministerio digital es tan básico y universal como tener un ministerio infantil: solo en circunstancias un tanto raras y excepcionales, nos imaginaríamos lanzar una comunidad de culto sin un ministerio de niños o un ministerio digital.

El porcentaje de domingos al año en que las personas participantes y miembros «regulares» asisten al culto ha ido disminuyendo de forma constante en los últimos años, ya que la gente se ha vuelto más activa los fines de semana. Ofrecer una opción en línea para nuestras reuniones semanales de culto puede ayudar a detener esta tendencia de asistencia esporádica al culto.

Mi familia divide nuestro tiempo entre dos casas. Además, normalmente estoy en la carretera desplazándome a trabajar con otras iglesias al menos la mitad de los fines de semana de un año determinado. Por lo tanto, al comienzo de la 2020, asistía a un total de media docena de servicios al año, en cualquiera de nuestras iglesias que llamamos hogar. Pero cuando nos cambiamos a la reunión en línea en la primavera de 2020, mi familia y yo empezamos a asistir a nuestras dos iglesias de origen con regularidad, ¡casi todas las semanas! Como resultado, nuestro sentido de conexión con las iglesias que llamamos hogar ha aumentado.

Sinceramente, prefiero estar en una reunión física en persona casi cualquier día. La energía, la conexión humana, la música... ¡todo es mejor cuando es en directo, en la sala de oración! Pero hay muchos días en la vida de la mayoría de la gente en los que no es posible asistir en persona. Hay una opción en línea disponible cada hora de cada día, semana tras semana, para ayudarnos a mantenernos conectados y con energía espiritual.

Para las iglesias que están creando una nueva comunidad de culto, puede tener sentido lanzar primero su reunión en línea y luego, a medida que el impulso crece, añadir una reunión en persona. Hay muchas razones para hacerlo en este orden:

- No se requiere una asistencia máxima o mínima para que un ministerio en línea sea eficaz, por lo que a menudo se puede poner en marcha más rápidamente.
- La dinámica semanal puede comenzar a construirse, sin tener que esperar hasta que esté lista para lanzar una reunión semanal en persona.
- Si tiene previsto alquilar un espacio o gastar dinero en la renovación de un espacio, este gasto puede posponerse hasta que haya más personas para compartir los gastos.
- Las reuniones en línea pueden ofrecerse tanto en tiempo real como de forma análoga (en el caso de las presentaciones grabadas,

se puede acceder a ellas en cualquier momento y a conveniencia propia).

- Si disfruta de una determinada experiencia en línea, puede enviar un enlace para invitar a alguien a compartir la misma experiencia sin demora; no tiene que esperar hasta la siguiente reunión como ocurriría cuando los encuentros son estrictamente presenciales para extender una invitación.

- Hay varias formas sencillas de recopilar información de contacto fundamental de las personas que visitan sus reuniones en línea y de invitar a la gente a futuras interacciones y a una relación amable.

- Las reuniones en línea presentan un umbral de riesgo e interés mucho más bajo para los visitantes que se interesan por una comunidad religiosa, que pedirles que entren en una sala real llena de personas desconocidas.

- A medida que adquieren confianza en una comunidad religiosa, los participantes en línea suelen pasar a las reuniones físicas en persona.

Como nos mostró Kris Sledge en el capítulo 10 («Utilizar las conversaciones con la comunidad para expandir el alcance»), podemos utilizar los medios en línea para reunir a las personas en una relación y una conversación, antes de invitarlas a trabajar. Luego, en el capítulo 20 («Cómo conectar bien en un mundo digital»), Derek Jacobs habló del papel fundamental de los medios sociales como plataforma para hacer que el culto sea accesible al mayor número de personas posible. En la temporada de lanzamiento y más allá, en la mayoría de los entornos, las estrategias en línea servirán como complemento a las reuniones presenciales.

Incluso cuando una iglesia ofrece una experiencia en línea centrada específicamente en el culto, que se actualiza cada semana, la naturaleza y la duración del contenido de la presentación en línea pueden ser muy diferentes de lo que ocurre en la reunión física. Una experiencia de culto de gran energía puede atraer a la mayoría de la gente durante 60 o 90 minutos, cuando están reunidos físicamente. En línea, es bueno pensar en la *mitad* de tiempo (30 a 45 minutos). Esto significa editar el sermón de la reunión física o preparar por separado una versión más corta para ofrecerla en línea.

Pero hay muchas más situaciones que pueden ocurrir en la red más allá de la transmisión de contenidos de culto. Por ejemplo:

- culto interactivo con reuniones pequeñas y charlas/debates en directo sobre las escrituras o los temas;
- la interacción de los grupos pequeños que retoman los temas que fueron prometedores en la experiencia de la adoración; algunos de estos círculos podrían trabajar para organizar la acción en respuesta a la Palabra;
- programas de entrevistas, centrados en temas y personas de interés para la comunidad;
- pensamientos breves devocionales diarios y podcasts, que exploran ideas que fluyen del tema de adoración del domingo anterior;
- tiempo de oración y conversaciones individuales que pueden ser programadas o iniciadas por quienes ven los contenidos de la transmisión en línea;
- y enlaces a contenidos relacionados (música, charlas, videoclips, etc.) que no se utilizan directamente en la experiencia de adoración por internet; la mayoría de ellos serán contenidos relacionados que se han producido en otro lugar que no es su iglesia.

Por lo tanto, es razonable que haya un productor en línea que forme parte de cualquier equipo de diseño del culto. Y esta persona crearía su propio equipo, como cualquier otro miembro del equipo de diseño de cultos. Aunque es una buena práctica que los pastores tengan una visibilidad destacada en Internet, necesitan ayuda; mantener un ministerio en línea es más de lo que la mayoría de los pastores pueden hacer solos.

Sea cual sea la plataforma que elija para sus ofertas en línea, los enlaces a ellas deben ser fáciles de encontrar en la página de inicio del sitio web de su iglesia. Cuanto más difícil me resulte encontrar la puerta de acceso al culto en línea y a otras experiencias, menos probable será que entre. Haga esta experiencia sencilla para las personas. Coloque claramente las fechas y los temas de cada enlace al culto y otras ofertas. Si me gusta lo que encuentro, es posible que quiera volver a ver el contenido de su iglesia de las semanas anteriores; haga fácil el acceso a ellos.

Además, invite a los seguidores a dar su opinión, aunque solo sea para responder a una pregunta divertida de toda la comunidad. Por ejemplo: ¿cuál es su forma favorita de mantenerse fresco en verano? ¿Cuál es su banda o grupo vocal favorito, ya sea del panorama musical actual o de años anteriores? Se trata de preguntas fáciles, para romper el hielo, que permitan dar pequeños pasos en el compromiso. Una vez que la gente ha respondido una vez, las posibilidades de seguir interactuando aumentan para ellos. Así que haga que sea fácil y divertido empezar para cualquier persona.

Si desea organizar conversaciones en grupo, es importante que la persona facilitadora de cualquier conversación reciba formación sobre cómo facilitar y sobre qué hacer cuando un grupo no quiere hablar, cuando una persona acapara la conversación, o cuando alguien se enfada o se molesta. Es fundamental que todos los participantes reciban la formación adecuada. No arroje a nadie a un papel de líder en línea o de otro tipo, sin equipar a todos los líderes para sus tareas. Puede que hayan liderado otras iglesias, pero su iglesia es diferente y usted quiere estar seguro de que entienden cómo representar y atender a los valores fundamentales de su iglesia en cualquier compromiso en línea.

Por último, sea cual sea la hospitalidad y el seguimiento que se espera en su iglesia cuando está reunida físicamente, busque formas de hacer algo comparable en línea. El objetivo de la hospitalidad es ayudar a las personas a sentirse bienvenidas, darles pistas de que usted se interesa por ellas personalmente y facilitarles que hagan amigos y formen relaciones en su iglesia. Un lugar interactivo es un lugar convincente y atractivo, al que es probable que volvamos. La regla más básica es que nunca debemos dejar de responder cuando una persona nos da incluso una pizca de información personal. Piense en ello como en un partido de tenis: cuando la gente le da alguna información, le está sirviendo la pelota por encima de la red; entonces, depende de usted devolver el servicio golpeando la pelota de vuelta a ellos, poniéndola de nuevo en su campo. Hay muchas formas diferentes de responder a la gente; puede variar la repuesta según la semana y alternar diferentes personas para hacerlo, pero en ningún caso es aceptable ignorar a alguien que te está dando información de que existe.

Tenga en cuenta que algunas de las personas participantes en línea pueden vivir a varios kilómetros de las instalaciones principales de su iglesia, por lo que es posible que rara vez las vea en sus reuniones en persona, a menos que se trate de una que tenga lugar en su comunidad local. Otras personas pueden vivir al final de la calle, pero seguirán eligiendo la reunión en línea como su principal modo de conexión. Independientemente de sus direcciones de residencia, una vez que las personas empiecen a relacionarse con usted en línea, tómelas en serio y procure ofrecerles los siguientes pasos en su recorrido espiritual. En otros casos, algunas personas pueden alejarse de su zona geográfica y optar por cambiar a una conexión en línea para seguir formando parte de su iglesia después de su traslado. Si varias personas comienzan a sumarse a esta categoría no local, su iglesia puede optar por crear un equipo específicamente dedicado a servir a los participantes no locales.

El ministerio en línea se está desarrollando rápidamente en todo el mundo. Continuamente surgirán nuevas mejores prácticas y habrá iglesias docentes que hayan descubierto excelentes formas de relacionarse con la gente en línea de las que podamos aprender. Todos estaremos aprendiendo constantemente en los próximos años.

DISEÑAR LA EXPERIENCIA DE ADORACIÓN

Craig Gilbert

Si ha seguido este libro hasta este punto, entonces creo que usted y su iglesia van en serio en su esfuerzo de lanzar una nueva comunidad de culto. También es probable que esté desarrollando un plan claro sobre lo que quiere de la experiencia de culto. Comenzaré aquí con una metáfora fundamental, a la que me referiré a lo largo de este capítulo. Para cada uno de los pasos subsiguientes, introduciré una nueva metáfora que creo que se adapta mejor a las necesidades de ese paso. Este tipo de instrucción, que va de imagen en imagen, puede requerir un poco de imaginación para algunos de los pensadores más literales de su equipo, pero también nos dirigimos a los artistas entre ustedes. Si algo les parece confuso, vuelvan a leerlo y discútanlo entre ustedes. Este capítulo está escrito específicamente para que cada miembro de su equipo se involucre en diferentes puntos, y puedan ayudarse mutuamente a entender lo que estoy tratando de decir.

Elementos básicos del culto de adoración

Llega un momento en el proceso de construcción de una casa en el que todos los sueños y deseos de un nuevo hogar deben convertirse en un diseño práctico. Normalmente, se consulta a un arquitecto, cuyo oficio es convertir los sueños en realidades construibles. En este caso, usted y sus compañeros de equipo son los arquitectos y constructores de este servicio de ensueño.

Ha reunido el mejor equipo disponible, personas lo más dotadas posible en las áreas que se necesitan. Permítame ofrecerle una advertencia/sugerencia. Cuando se construye una casa, hay una pregunta con la que se comprueba toda la construcción antes de poner los «cimentos». Esa pregunta es la siguiente: «¿Está nivelada?»[1]. Solo si el edificio está nivelado, podrá mantenerse firme. Una vez que la parte del edificio que se está construyendo está «firme», entonces se ponen los cimientos y los constructores pueden pasar con confianza a las siguientes etapas. No hay nada más decepcionante en la construcción de una estructura que estar muy avanzado en el proceso y descubrir que algo clavado anteriormente no era realmente firme. A menudo no hay forma de evitar este error. La única solución razonable es desmontar todo hasta ese punto de «nivelarlo» y empezar a construir de nuevo. Esto me ha ocurrido a mí, que no soy constructor, en más proyectos personales en mi casa a lo largo de los años de los que puedo contar. Por lo tanto, debemos tener cuidado en cada paso del camino para asegurarnos de que nuestras decisiones están en consonancia con nuestros objetivos. Entonces, ¿cómo sabemos si nuestra construcción de culto está «nivelada»?

A lo largo de su recorrido del lanzamiento de una nueva comunidad de adoración, su equipo ha estado trabajando para discernir el plan de Dios para el servicio de culto. En el capítulo 2 («¿Por qué iniciar una reunión nueva?»), se les pidió que reflexionaran profundamente sobre el motivo de su creación. Con los capítulos 5 («Enfocarse en un grupo particular de personas») y 6 («Construir puentes de comunicación con las personas que alcanzamos»), usted colocó su atención en el grupo de personas para el cual este servicio será diseñado. Luego, en el capítulo 12 («¿Qué queremos que la gente experimente en el culto?»), usted trabajó en lo que quería que estas personas experimentaran en la reunión de culto. A lo largo de todo el proceso, le has pedido a Dios, a través de la oración, que presida y guíe su planificación. Así que ahora, sobre esta base, su estructura de adoración puede considerarse «firme» en cada decisión, cuando se asegura que sus planes para la adoración se alineen perfectamente con los planes de Dios, tal y como se revelan en su trabajo anterior. Recuerde, ninguna cantidad de pintura o de obras de arte hermosas puede fortalecer una pared torcida cuando los vientos de la tormenta comienzan a soplar.

Contenido del culto

Usted tratará de construir su servicio de adoración para incluir todas las acciones de adoración que ha previsto para esta nueva reunión. Volviendo a nuestra metáfora de la construcción de una casa, estas acciones son como habitaciones dedicadas en su nueva casa de culto, donde se llevarán a cabo acciones específicas. Algunos ejemplos son los cantos, el sermón, la ofrenda, el tiempo de oración, el saludo, etc. Haga una lista de estas acciones, sin ningún orden en particular. Muchos equipos tratarán de ordenar las acciones de adoración al mismo tiempo que hacen una lista de ellas. Sin embargo, antes de intentar poner su lista en un orden determinado, debe decidir primero si todo lo que está en su lista es siquiera necesario. Resista la tentación de poner los elementos en un orden específico. Mantenerlos enumerados de forma aleatoria hará más fácil dar el siguiente paso, que es aplicar la pregunta: «¿Está nivelado?». Como indiqué anteriormente, hacerla «firme» significa mirar cada acción de adoración por lo que es y comprobarla con lo que usted cree que es la visión de Dios para su servicio de adoración. Hable de cada acción individual, y decida ahora cómo cada una encaja específicamente –o no encaja– en lo que usted cree que Dios le está llamando a hacer para involucrar a su comunidad elegida en la adoración. Si una acción no encaja, ¿podría ser diseñada de nuevo para que se acople mejor a su diseño de culto? El hecho de que una acción particular sea «algo que siempre hemos hecho en el culto», no significa que automáticamente se ajuste a su nuevo plan. ¿Por qué dedicar tiempo y esfuerzo a construir una sala que no se necesita, que no encaja o que no será eficaz? Otra forma de decirlo es la siguiente: Imagine que su familia tiene un sofá viejo y que todos quieren, pero que está desgastado. No construiría una nueva habitación familiar diseñada en torno a su sofá desgastado, ¿verdad?

Para cada acción de adoración que esté considerando incluir, hágase este tipo de preguntas: «¿Cómo se vería/sonaría/sentiría este elemento en nuestra comunidad de adoración?» «¿Cómo nos acercaría esta acción específica a Dios o Dios a nosotros?» Puede empezar con una acción que considere obvia de incluir —como el sermón, por ejemplo— y luego pasarla por lo que yo llamo «el proceso de rectificación». Se trata de una serie de preguntas como las descritas anteriormente, destinadas a aclararle cómo la acción de culto que está considerando cumplirá con las expectativas de Dios para su nuevo servicio de adoración y también cómo se utilizará. Siga este proceso para cada elemento de acción de su lista, desde los que parecen más obvios para su inclusión hasta los que cree que pueden ser más desechables. A medida que vaya pasando por este proceso, sus preguntas mejorarán y sus respuestas tendrán convicciones más fuertes. A menos que usted y su equipo sean muy buenos planificadores, es posible que haya algunas acciones de trabajo en su lista que finalmente descartará o cambiará significativamente. Este proceso de examen minucioso puede revelar lugares en los que necesita añadir algo que no había considerado previamente.

Permítanme darles un ejemplo de lo que estoy hablando. Un punto con el que numerosas iglesias luchan en el culto son los anuncios. Muchas iglesias con las que trabajo se preguntan: «¿Qué papel cumple el pararse a hablar de los próximos eventos en el servicio de adoración?» Mi respuesta es empezar a hacerles preguntas:

1. ¿Por qué hacemos anuncios en primer lugar?
2. ¿Nos interesa solo aumentar la asistencia a otros eventos?

3. ¿Es porque hace que algunas personas sientan que su evento es más importante porque fue anunciado en el culto?
4. ¿Son los anuncios eficaces para su propósito?
5. ¿Hay alguna manera de que un anuncio pueda considerarse un elemento del servicio de adoración?

Estos son los tipos de preguntas que debe plantearse en relación con cada acción que considere para intentar determinar si está en consonancia con las intenciones y los objetivos de su servicio.

Después de abordar esas temáticas, estos equipos de diseño del culto supieron que el enfoque típico de colocar los anuncios en el servcio no se ajustaba a sus intenciones. En lugar de dedicar tiempo al principio o a la mitad del culto para anunciar lo que iba a suceder, decidieron trasladar los anuncios al final del culto como parte de la bendición o el envío, enmarcándolos como parte de su invitación a ser parte del ministerio y de la comunidad como iglesia. Los próximos eventos se convirtieron en oportunidades para responder al llamado de Dios a servir, en lugar de ser simples anuncios de diversos ministerios. Esto permitió que la acción de los anuncios continuara como parte del servicio de adoración, pero ahora estaba contextualizada de tal manera que se ajustaba al objetivo de la comunidad de adoración de ver a su congregación activa en el servicio a las demás personas (y para ser honestos, el objetivo de Dios de hacer discípulos). Incluso dieron el siguiente paso para completar la visión incluyendo «informes de alabanza» antes del tiempo de oración. Estos informes les permitieron celebrar las formas en que Dios se movía en eventos que antes simplemente se «anunciaban» y se olvidaban.

Esto, por supuesto, es solo un ejemplo. Su equipo tendrá que examinar y considerar cuidadosamente todas sus acciones en este sentido. Al hacerlo, estará listo para comenzar a construir su servicio de adoración.

Ahora que tiene la lista de acciones que componen el contenido de su servicio, veamos su orden.

Orden del servicio de adoración

La mejor manera de pensar en la creación del orden de su culto es pensar en una historia. En una buena historia, cada acontecimiento lleva lógicamente al siguiente, y así sucesivamente, hasta que la historia está contada. Puede ordenar un servicio de forma diferente al siguiente, no tienen que seguir un patrón predecible. Muchos teólogos y estudiosos del culto de adoración lo comparan con una historia o una conversación: cada acción lleva a la siguiente, hasta que se cuenta toda la historia[2]. La mejor herramienta que he encontrado para este proceso es pensar en el orden de trabajo como el esquema de una historia. Después de construir el orden en forma de esquema, la línea de la historia real –donde comienza, donde llega al clímax de la historia y cómo termina– debería ser obvia para cualquier persona que la mire, aunque los detalles de la historia aún no se hayan completado. Si necesita mayor claridad sobre lo que quiero decir, pruebe el siguiente ejercicio de creación de equipos:

1. Escoja cualquier libro de ficción que nadie de su equipo haya leído, los libros cortos con historias claras son los que mejor funcionan.
2. Asigne un capítulo diferente a cada miembro del equipo y pídales que lean los capítulos asignados. Sin embargo, es muy importante, *no deje que los miembros de su equipo vean el número del capítulo que les ha tocado. Dé a cada persona solo el contenido de su capítulo, sin ninguna indicación de dónde encaja ese capítulo en la historia general* (empiece por el primer capítulo y haga las asignaciones en orden secuencial, hasta que cada persona tenga un capítulo).
3. Ahora, reúna a su equipo y, a medida que cada uno revela el contenido de su capítulo, vea si los integrantes del equipo pueden organizarse y/o reorganizarse para contar la historia en el orden adecuado.

El punto clave no es la dificultad de la tarea, sino el proceso de reflexión necesario. En realidad, la comprensión de esta parte del diseño del culto debería ser un momento de «Ah, vaya, eso fue fácil. Pero nunca lo había pensado así». Esta puede ser una actividad increíblemente divertida, que demostrará claramente la necesidad de que cada parte de su servicio esté en el orden correcto para contar la historia de Dios en la adoración que usted, está tratando de contar en cualquier servicio ofrecido.

Este esquema que ha creado, el «Orden de Adoración», puede ser extremadamente adaptable. Puede ser revisado y completado cada semana con el contenido específico —como canciones, oraciones, escrituras, etc.— que necesite específicamente para esa semana. Este método le permite contar historias nuevas sobre Dios cada semana. Puede cambiar el orden según sea necesario, si desea contar una nueva historia de una manera diferente. Incluso puede crear plantillas para dos, tres o cuatro órdenes de adoración comunes, decidiendo cuál funcionará mejor para cada semana.

Y recuerde siempre, si necesita añadir una nueva acción de adoración o quitar una, puede volver a las preguntas de contenido que utilizó anteriormente en este capítulo para hacer su evaluación: «¿Cómo se vería/sonaría/sentiría este elemento en nuestra comunidad de adoración?» y «¿Cómo nos acercaría esta acción específica a Dios o Dios a nosotros?» El orden de la adoración es simplemente un arreglo de las acciones que usted ha decidido que necesita incluir para estar «a tono» con las expectativas de Dios para la adoración de esa semana. Pueden haber ocasiones en las que quiera cambiar la forma de contar la historia. En esos casos, puede introducir una acción sustitutiva, eliminar una o más acciones para crear más espacio en el servicio, o añadir algo diferente para crear una dinámica nueva. Recuerde: *Tener un orden de culto no significa que esté atado a esa versión de la historia para siempre*. Solo significa que, sea cual sea la historia que cuente, lo hará con un propósito y una dirección claras que hagan que el culto sea fácil de seguir y de entender para quienes que se unan a la experiencia.

Fluidez del culto de adoración

Esta es la parte final de la construcción de una experiencia de adoración excelente y completamente atractiva para su congregación. Pasar de una acción a otra de forma que la congregación siga participando durante todo el servicio se denomina *fluidez*. El objetivo es que el final de cada acción *se desarrolle* de la manera más fluida posible hacia la siguiente, desde la primera acción hasta la última.

Para crear esta fluidez, las transiciones deben considerarse tan cuidadosamente como la propia acción. El concepto de ser «estructurado» es tan importante en las transiciones como en las acciones. Si las palabras se utilizan para pasar de una acción a otra, deben permanecer «estructuradas» en el servicio general. He visto cómo muchos servicios maravillosos, llenos de acciones de adoración significativas, se desmoronan porque las palabras utilizadas en una transición no fueron pensadas, sino que se dijeron «de improviso» y estaban completamente fuera de línea con el resto del servicio. Lo mismo ocurre con los servicios en los que otros tipos de transiciones recibieron poca o ninguna consideración. El movimiento de la gente, las luces, el encendido y apagado de los micrófonos, todo debe ser considerado para tener una gran fluidez en el culto. No dar este último paso, puede dar lugar a un servicio entrecortado, lleno de baches, silencios incómodos y una incapacidad básica para saber qué es lo que sigue. Esto puede avergonzar a los participantes y dejar a la congregación mirando hacia el suelo, o peor, dirigiéndose a la puerta.

Planificación del servicio de adoración con todo incluido

Por último, una buena planificación y diseño del culto incluye la participación de *todos* en la realización del culto. En todas las iglesias en las que he enseñado el diseño del culto, me sorprende cómo las personas miembros del equipo que operan los ministerios que se consideran auxiliares –áreas como el sonido, las luces, el vídeo, la decoración y los ujieres o saludadores, por ejemplo— son a menudo los últimos en saber lo que está sucediendo en el servicio. Incluir estos ministerios en el proceso de planificación del culto, le ayudará a mantener el rumbo para alcanzar sus objetivos generales del servicio de culto.

Para dar vida a cualquiera de las acciones de adoración en su servicio, se puede mejorar con el aporte de los ministerios que pueden hacer que esas acciones se vean y suenen bien. La capacidad del sonido, la luz y el vídeo, para mejorar el paso de una acción a otra, influye mucho en la fluidez del culto. Su equipo de planificación podría incluso pensar en los recibidores y ujieres como la portada del libro que contiene la historia que va a contar. He podido crear experiencias de culto increíbles asignando a las personas que dan la bienvenida y a los ujieres cosas específicas que decir a la gente cuando entra en la iglesia.

Lo que espero que haya visto en este capítulo es que un buen plan de adoración implica algo más que elegir una o dos canciones, decir una oración, leer una escritura, recoger una ofrenda, predicar un sermón y luego volver a casa. Hay miles de iglesias para las que esa lista es exactamente lo que parece: un servicio de adoración, domingo tras domingo, año tras año. Esta es su oportunidad de hacer algo diferente y, lo que es más importante, algo que esté claramente dirigido y diseñado específicamente para su nueva congregación en desarrollo.

23

SELECCIÓN DE LA MÚSICA Y LOS MÚSICOS

Craig Gilbert

En este momento, usted podría decir: «¡Por fin, la *música*!». Para muchas personas que trabajamos con los retos de comenzar un nuevo servicio de adoración, la música es donde nos sentimos tentados a iniciar. A menudo, la visión del nuevo servicio se forma en torno a una música que se distingue de otros servicios e iglesias. Si ha saltado a este capítulo porque la música es lo que más le interesa, le animo a que vuelva a los capítulos anteriores de este libro y lea los capítulos relevantes para su tarea, tal y como se ha sugerido hasta este punto. No se preocupe: ¡este capítulo seguirá aquí!

Elegir la música

Es probable que haya tomado decisiones (o haya hecho ciertas suposiciones) sobre el estilo de música que prefiere para su culto mucho antes de llegar a este capítulo. De hecho, el deseo de una nueva expresión musical para su congregación puede haber sido el impulso para decidir iniciar un nuevo servicio, en primer lugar. Una discusión sobre la elección de la música para su servicio de adoración puede incluso haber comenzado con una lista de estilos, canciones y artistas favoritos compilada por varios miembros de su equipo; este ha sido el punto de partida de un número incalculable de nuevos servicios de culto. Algunos de estos nuevos servicios tienen éxito; muchos fracasan. En cualquier caso, tenga en cuenta que, por sí sola, la música rara vez es una razón sólida para iniciar un nuevo servicio (y lo digo como músico de iglesia).

ADVERTENCIA: Ahora no es el momento de abandonar todo el trabajo duro que ha hecho para construir un servicio de adoración para las personas nuevas que espera atraer a su iglesia, comenzando con su música favorita o asumiendo que conoce con precisión el estilo y la gama de música que es apropiada para este servicio.

Como ya ha descubierto, puede ser difícil dejar de lado las cosas que se consideran probadas y verdaderas cuando se trata de la adoración. Puede ser especialmente difícil dejar ir la música que le ha llevado a través de tiempos difíciles, ha permitido expresar su alegría, o ha abierto su alma a la presencia de Dios en la adoración. Pero está creando una comunidad nueva de adoración para ministrar a personas que no son como usted. Esto significa que hay una gran posibilidad de que quieran expresar sus sentimientos hacia Dios y escuchar sobre Dios en un lenguaje musical diferente al suyo. De hecho, debe estar preparado a la posibilidad de que quieran adorar con una *música que usted nunca pensó que sería adecuada para el culto o que ni siquiera sabía que existía.*

Es de esperar que tenga personas en su equipo que reflejen el grupo demográfico que está tratando de alcanzar. Y es de esperar que estén dispuestos a contribuir a esta parten del proceso con sus pensamientos y creencias sobre la música. Si no es así, entonces hay que reunirse con personas de la comunidad que representen el grupo demográfico al que se quiere llegar y conocer su opinión. Pídales que traigan ejemplos del tipo de música que realmente les gusta. La música puede ser sagrada o secular, siempre y cuando encuentren que les lleva personalmente a un lugar de concentración espiritual. Como grupo, tomen tiempo para escuchar esta música y luego pídeles que describan por qué esa música invita a adorar a Dios. Según mi experiencia, escuchar la música juntos y oír los corazones de los demás en voz alta ha ayudado a mis equipos a entender mejor el *porqué* del proceso de selección.

No es necesario elegir una música específica en este momento. Simplemente es importante que, como equipo, finalicen el estilo o la gama de estilos y localicen una variedad de ejemplos para que puedan comenzar la siguiente parte del proceso: seleccionar un líder musical.

Seleccionar un líder musical

Al igual que con la música en sí, es posible que ya haya decidido a quién le pedirá que sea el líder musical de este servicio. La persona que dirija el equipo, grupo o coro de música es uno de los puestos más importantes que seleccionará, ya que se aplica al éxito de su nuevo servicio de adoración. Esta persona es el «experto» musical que aportará la experiencia y la sensación general al resto de sus músicos y, de manera muy tangible, a todo el servicio. Tiene que encontrar la persona que mejor se adapte a su servicio de adoración y a su iglesia. Si comienza este proceso de selección con una mente abierta, tendrá más probabilidades de encontrar a la persona adecuada que Dios ha llamado para dirigir la música en su nuevo servicio.

Esta persona puede estar ya en su iglesia. Sin embargo, lo más probable es que tenga que considerar a otras personas más allá de los miembros actuales de su iglesia. Por favor, trate de evitar simplemente entregar la responsabilidad a una persona de su iglesia que puede estar dispuesta pero que carece de la habilidad y/o la autenticidad para llevarla a cabo. Y, no, el simple hecho de estar dispuesto a aprender no es un sustituto aceptable de la habilidad y la experiencia reales, cuando se trata del estilo de música que ha seleccionado. Lo que puede parecer el camino más fácil, ahora es probable que le cause mucho dolor más adelante. Elegir a la persona equivocada para el trabajo, sin importar la razón, puede incluso hundir todo el trabajo duro que ha hecho para poner en marcha su servicio de adoración. Esta es una selección muy importante que, ¡contará muchas historias!

Cuando busque un líder musical fuera de su iglesia, la publicidad local puede ser eficaz. Dependiendo del estilo que haya elegido, puede probar en tiendas de música o escuelas locales. Otra fuente, que a menudo se pasa por alto, son otras iglesias. No estoy sugiriendo «quitarle» el líder musical de otra parroquia. Sin embargo, puede haber iglesias en su área que son tan grandes que tienen múltiples equipos de música. A veces, estas iglesias tienen personas con un potencial sólido de liderazgo, pero que aún no tienen la suficiente experiencia como para haber tenido la oportunidad de dirigir en una iglesia tan grande. Si usted está dispuesto a trabajar en colaboración con esta iglesia, puede ofrecer a este potencial «líder musical en espera» una oportunidad de dirigir en su iglesia. Este intercambio de recursos puede incluso dar lugar a una nueva y maravillosa relación entre su gente y otra congregación.

Hay que tener en cuenta algunos aspectos importantes a la hora de seleccionar a la persona que ocupará el puesto clave de líder musical. He aquí algunos:

1. Después de haber elegido la gama de estilos y haber encontrado algunos ejemplos de la música que le gustaría utilizar en el culto , es absolutamente necesario seleccionar un líder que sea a la vez competente y *auténtico* en ese marco. He experimentado más servicios de adoración de los que puedo contar, en los que los músicos no pudieron tocar el estilo musical elegido con ninguna autenticidad. No se trata sólo de la habilidad; se trata de tener una sensación natural para la música. Piense en esto como en un idioma: una persona que habla en un segundo idioma, rara vez es tan fuerte

en este idioma como las personas que hablan en su lengua materna. El mismo principio se aplica a la música.

2. Dicho esto, *no* caiga en la trampa de la edad/género/etnia. Muchas iglesias comienzan el proceso de elección de un líder musical escuchando la música y luego decidiendo cómo debe ser el líder. Grandes líderes/intérpretes/cantantes pueden no tener una oportunidad real porque no tienen el aspecto que el equipo espera. Esto sucede todo el tiempo, especialmente en esta cultura de la imagen. No deje que las apariencias le impidan comprobar si las personas candidatas están cualificadas. Hay muchos ejemplos de músicos que se enamoraron en algún momento de su vida de un tipo de música y cruzaron los límites estereotipados para llegar a ser excelentes en ese estilo, aunque no «parezcan».

3. Por último, tenga en cuenta que *su líder no es necesariamente la persona que estará al frente.* Léalo de nuevo y permítase asimilarlo. Esto puede ser algo que nunca haya considerado. No se limite a la forma en que ha visto las cosas en Internet o en otras iglesias. Muchas veces, los líderes de la música de adoración nunca se acercan a un micrófono. En cambio, pueden elegir la música, coordinar los ensayos, entrenar al equipo de alabanza, animar a los miembros y hacer todas las cosas que hace un gran líder de alabanza, *excepto* dirigir la alabanza. Recientemente he visto que este método se aplica incluso en el mundo del culto de estilo tradicional, donde el director del coro o el acompañante principal no ocupan el puesto de «líder musical». En este caso, estas iglesias pueden tener grandes organistas y/o directores de coro, pero su líder musical es alguien totalmente distinto. En el mundo actual, hay que estar abierto a posibilidades y opciones no estándares.

El resto de la historia

Una vez que haya seleccionado a su jefe de música, esa persona será su interlocutor para todas las selecciones musicales finales. Será la persona que tomará los resultados de las decisiones de su equipo sobre la música y empezará a seleccionar a los músicos y la música que se adapten eficazmente. Por supuesto, hasta que no haya establecido un entendimiento claro y mutuo y un historial probado con su líder musical, no estoy abogando por que envíe a esta persona a hacer sus propias cosas. Al contrario, este líder se convertirá en un miembro de su equipo en general, para que pueda escuchar cuáles son las expectativas del equipo y formar parte de la toma de decisiones colectivas hasta que usted esté preparado para dejarle hacer más por su cuenta.

24

PREPARAR EL LANZAMIENTO

Craig Gilbert

Ahora tiene su orden de culto básico establecido. Está contento con él. Cree que cuenta la historia de Dios que quiere compartir, de una manera que da la bienvenida y atrae a las personas que ha invitado a venir a adorar a Dios en su nuevo servicio de culto, y que está «nivelado» con el lugar al que usted cree que Dios está llamando a su iglesia a adorar. También ha seleccionado la música que utilizará y la persona que dirigirá esa música en la adoración.

¡Felicitaciones! Es un logro increíble. Ahora, es el momento de ver si el programa de adoración y la experiencia de adoración resultante que ha creado, realmente harán lo que ha planeado que hagan.

Tendrá que organizar un servicio de demostración. Planificar su primer servicio de «demostración» es una experiencia increíble. Al igual que los restaurantes nuevos tienen una «apertura de prueba» antes de su gran apertura, usted va a diseñar y ofrecer un servicio de demostración como práctica para el servicio real. Hay tantas expectativas, esperanzas, anticipaciones y –sí– presiones, que su equipo estará listo para reventar. Pero recuerde (como solía decirnos la voz del Sistema de Transmisión de

Emergencia, hace mucho tiempo): «Esto es una prueba. Esto es sólo una prueba». Deje que el proceso crezca orgánicamente. Esté abierto, y vea a dónde le lleva Dios. Deje que todos tengan la oportunidad de apoyarse y ver lo que se puede hacer. Si ha llegado hasta aquí en el proceso de lanzamiento de una nueva comunidad de culto, ya debería tener todo lo que necesita para producir una maravillosa experiencia de culto. Tendrá la oportunidad de reflexionar y perfeccionar después de este servicio de prueba. Pero hay que empezar por algún sitio y, ahora es el momento de poner a prueba el proceso que ha ideado.

Tiempo de planificación del culto

Ya sabe cómo hacer una buena reunión (véase el capítulo 19, «Cómo llevar a cabo buenas reuniones»). Reúna a su equipo, tome el orden de la adoración y planifique su primer servicio de demostración. *Sugerencia*: Si se adelanta y planifica el servicio que quiere usar como su primer servicio público, entonces tendrá una gran ventaja al usarlo como su servicio de demostración. Revise cada acción de la obra y seleccione un gran contenido que se ajuste a las necesidades del servicio. Ahora, mire el flujo de la adoración y planifique esas transiciones para que todo se mueva bien de una acción de adoración a la siguiente.

Pruebe el sistema

Ha llegado el momento de trasladar este servicio al lugar en el que se va a celebrar para realizar un primer ensayo. En el mundo del espectáculo, esto se llama ensayo general. El culto no es un espectáculo, por supuesto, pero implica una actuación y muchas transiciones, por lo que tener un ensayo general es esencial. Este ensayo general debe incluir a todas las personas necesarias para que el servicio se lleve a cabo. Quienes ayudan a presentar el servicio estarán trabajando, realizando sus asignaciones. Los miembros del equipo que sólo forman parte del proceso de planificación estarán sentados en la sala, celebrando el culto con el equipo, pero también tomando nota de sus observaciones sobre el desarrollo del ensayo. Sonido, luces, vídeo: todo tiene que estar incluido para la evaluación. También es muy importante que este servicio se transmita en línea, de manera que permita probar sus capacidades de transmisión. Debe ejecutarse en un sitio de prueba que sólo pueda ser visto por su equipo, ya que aún no está listo para ser totalmente público. Realice una prueba completa del servicio. Después de esta primera prueba, es posible que desee tomar un descanso, obtener algunos comentarios de sus observadores seleccionados, escribir algunas notas, hacer algunos ajustes y luego tener una segunda prueba completa antes de dar por terminado el servicio.

¿Ha conseguido todo eso? Entonces, felicidades: ¡acaba de terminar su primer esfuerzo en su nuevo servicio de culto!

Es momento de tener otra reunión

Reúna al equipo y comience a discutir cómo se sintió cada uno con el ensayo. Todos deben tener la oportunidad de hablar. Asegúrate de empezar con lo que salió bien: ¿en qué aspectos las cosas fueron exactamente como se habían planeado? ¿Dónde hubo grandes sorpresas?

¿Dónde hubo algunas áreas que crees que hay que mejorar? ¿Qué puede hacer para mejorar el servicio? Sea específico en sus comentarios, preguntas y respuestas. Estas discusiones entre los miembros del equipo deben basarse en lo que la gente recuerde del ensayo o de las notas que se hayan tomado. Una vez que el debate haya concluido o se haya alcanzado el límite de tiempo establecido, tómese un descanso y prepárese para volver a la segunda parte.

Es hora de ver la grabación del ensayo

Pregunte a cualquier atleta profesional dónde pasa la mayor parte de su tiempo de entrenamiento. Su respuesta puede sorprenderle: es viendo la reproducción de los partidos (antes lo llamábamos «ver la película del partido» o «ver la cinta de [vídeo] del partido»). Aquí es donde los atletas comparan lo que creen recordar del partido con la reproducción de la grabación real del partido que les muestra exactamente lo que ocurrió. Mientras lo ven, sus entrenadores señalan áreas específicas en las que el deportista puede mejorar. Esta experiencia de aprendizaje puede ser difícil, pero es necesaria. He aquí una verdad incómoda: ¡la grabación del juego no miente!

Siéntense en equipo y vean la demostración del servicio desde su archivo de video. Esto proporcionará tres componentes críticos:

1. *Verdad: Lo* primero es que podrás observar su aspecto y su sonido. A menudo, la gente en un escenario piensa que está siendo expresiva y atrayente; pero después, cuando se ven en el vídeo, descubren lo contrario. Otras cosas, como la fluidez del culto, la claridad de la historia, etc., también se pueden revisar con precisión viendo el vídeo.

2. *Transmisión*: Este visionado de la reproducción también permitirá a todo el equipo evaluar el componente crítico que es su presencia en línea. En este proceso, todos tendrán la oportunidad de hablar sobre cómo suena, se ve e incluso se siente su presentación de culto en el mundo *online*. Los ángulos de la cámara, la ubicación de las personas en la plataforma o el escenario, la iluminación y la calidad de la transmisión de vídeo son aspectos técnicos que deben revisarse, criticarse y ajustarse según sea necesario.

3. *Formación de equipos*: Hacer esta revisión en equipo, especialmente al principio del proceso, es *fundamental*. Permite que todos vean

la interdependencia de todo el proceso para todos. También da la oportunidad de que todos escuchen juntos los comentarios, tanto los elogios como las críticas. Pero recuerde que todos los comentarios deben ser alentadores.

¡Hágalo de nuevo!

El siguiente paso en el proceso es este: tome todos los comentarios que su equipo ha proporcionado, vuelva al primer paso y hágalo todo de nuevo. Querrá seguir con este proceso, perfeccionando este nuevo servicio de culto, hasta que sea exactamente como lo necesita.

El proceso de este capítulo puede y debe utilizarse periódicamente con fines de evaluación a lo largo del año. Una expectativa mínima sería realizar un repaso trimestral de todos los pasos de este capítulo. Esto le proporcionará una información valiosa, comentarios y oportunidades para el desarrollo del equipo.

Me doy cuenta de que los pasos de este proceso pueden parecer técnicos, incluso clínicos. Puede que no esté acostumbrado a pensar en la preparación del culto de esta manera. Muchas veces, cuando enseño este método, me hacen preguntas como: «¿Dónde hay espacio para el Espíritu Santo en todo esto?» «Si se prepara a este nivel, ¿cómo se supone que Dios va a meter una palabra?» «Esto parece como que está produciendo un espectáculo, ¿cómo es eso espiritual?».

La verdad es que Dios está presente en toda esta planificación. Creo que el Espíritu Santo está guiando nuestras decisiones. Cuando revisamos lo que hemos hecho, el Espíritu Santo nos revela dónde podemos esforzarnos aún más por la excelencia y dónde podemos celebrar. El posible malentendido aquí es la noción de que, si somos demasiado prácticos y nos preparamos, Dios no estará presente. Para tener una perspectiva, voy a la Biblia, a los libros de los Reyes y de las Segundas Crónicas y veo el detalle que supone la preparación del Templo para el culto, todos los detalles intrincados y específicos de cómo debe realizarse el culto. Leo sobre el llamado y la preparación de los músicos y otros en el servicio para adorar en el Templo. Creo que esto es una prueba de que Dios honra nuestro trabajo. Dios desea nuestros mejores esfuerzos.

Y sé por experiencia que Dios llena nuestra ofrenda de adoración con el Espíritu de Dios y la utiliza para la gloria de Dios. Muchas veces, he preparado un servicio de adoración tal como lo describí anteriormente, solo para experimentar que cuando adoramos con otras personas usando nuestro plan, Dios se mostró de manera inesperada. Nuestro error es creer que nuestros preparativos limitan de alguna manera a Dios. Si eso fuera cierto, no habría muchas razones para adorar.

Una vez que haya pasado por este proceso –quizás varias veces– y crea que ha diseñado y ejecutado con éxito su servicio de culto tal y como lo ha planeado, entonces está listo para lanzarlo. Sólo debe saber que las cosas pueden ser difíciles al principio, mientras trata de construir un servicio semana tras semana. Pero confíe en su planificación y encontrará consuelo y fuerza al saber que Dios honra su trabajo.

25

OFRECER UNA HOSPITALIDAD DE PRIMERA CLASE

Paul Nixon y
Sandy Gutting

Paul: Sandy, hace 20 años, tú y yo nos conocimos durante el lanzamiento de una nueva comunidad de culto, en el barrio donde vives. Te conocí en una fiesta de barrio que precedió al lanzamiento del culto. Te metiste de lleno, ofreciendo hospitalidad a tus vecinos incluso antes de unirte a la iglesia, meses antes de que te incorporaras a nuestro personal como directora de hospitalidad. Cuando cruzaba las puertas de nuestro vestíbulo los domingos por la mañana, era como entrar en un muro de amor y buen humor. Sé que tuviste mucho que ver con eso, así que pensé que podríamos desglosar exactamente cómo un equipo de lanzamiento puede crear ese tipo de atmósfera.

Sandy: Paul, esos años fueron muy divertidos. Una gran clave fue cómo esa hospitalidad se hizo parte del ADN del lugar.

Paul: ¿Cómo se introduce la hospitalidad en el ADN de un equipo de lanzamiento?

Sandy: Se empieza lo antes posible. Se empieza con el pastor plantador de iglesia y otros líderes clave. Ellos tienen que vivirlo, y luego los buenos hábitos deben ser practicados en las primeras reuniones de los grupos pequeños y del equipo de lanzamiento. Desde los primeros días, el pastor encargado de iniciar la iglesia y otros líderes deben buscar a quienes tengan la pasión y las habilidades para acoger a otras personas. Inclúyalas desde el principio y permítanles hacer su magia.

Paul: Así pues, buscamos personas que lleven la hospitalidad en la sangre, personas para las que sea un don. ¿Cuáles son los signos reveladores de estos líderes potenciales?

Sandy: Sonríen. Prestan atención a la gente que les rodea, especialmente a las personas nuevas. Toman la iniciativa de presentarse. Son personas positivas que animan la sala. Y son agradecidas. Dicen «gracias».

Paul: Parece que siempre hay algunos portadores de este tipo de ADN en todo buen equipo de bienvenida. Pero también tienen que ser organizados, ¿no?

Sandy: Sí. O podría utilizar la palabra *intencional*. La intencionalidad surge de su pasión personal por hacer que la gente se sienta como en casa. Por ello, se comprometen a que ciertas cosas sucedan para cada persona que entre por la puerta. Hay que sonreír y mirar a los ojos. Hay que saludar. Hay que prestar atención a cada persona, de forma adecuada. Debe sentirse la positividad en la sala. Hay que preparar y servir refrescos apropiados. Y la calidez debe extenderse no solo a los invitados, sino al propio equipo de hospitalidad. Cuando se hacen las asignaciones y se envían los recordatorios, tenemos que tratarnos con cariño. No podemos ir por ahí exigiendo cosas a los miembros de nuestro equipo y a los voluntarios. Tenemos que respetar que cada persona tiene diferentes capacidades para ayudar. Y a veces ocurren cosas en su vida que influyen en ello.

Pablo: Imaginemos una comunidad de culto con 200 asistentes. ¿Cuántas personas necesitaremos tener en nuestro equipo de hospitalidad para este número de asistentes?

Sandy: Bien, veamos... Vamos a suponer que tenemos tres entradas. Y necesitamos tener dos personas que saluden en cada entrada. Si hay algún tipo de pasillo largo hacia el área de los niños o el área de adoración, necesitaremos a alguien que pueda servir de guía en ese espacio. Además, necesitamos un equipo de refresco, un asistente en el área de información, personas que repartan boletines a la entrada del área de culto y ujieres que ayuden con la ofrenda y con los asientos. Añada un grupo de voluntarios para eventos especiales. Yo diría que necesitará tener por lo menos 20 miembros del equipo de hospitalidad que estén presentes cualquier domingo, pero también otros 30 miembros del equipo de hospitalidad que pueden ser asignados para servir ocasionalmente. A algunas personas les gusta servir todas las semanas, mientras que otras prefieren ofrecerse como voluntarios una vez al mes. Por lo tanto, tenemos un total de 50 personas. Esto equivale a *un miembro del equipo de hospitalidad por cada cuatro asistentes*.

Paul: Eso es muy útil, una proporción de uno a cuatro de los miembros del equipo de hospitalidad con respecto al total de asistentes. Probablemente haya más personas en el equipo de hospitalidad de lo que algunos de nuestros lectores esperaban. Y para ser justos, algunos lectores planean y sueñan con 50 asistentes en total, no con 200, así que pueden escalar estos números en consecuencia. Recuerdo que tú y tu equipo a menudo tenían personas que ayudaban en tareas pequeñas a la tercera vez que asistían.

Sandy: Algunas personas están dispuestas a conectarse, se nota. Y, ¿qué mejor manera de conocer a la gente y hacer amigos que ayudar a dar la bienvenida o trabajar con un equipo sirviendo refrescos?

Paul: Si conozco a seis personas por su nombre y ellas me conocen a mí, es probable que sienta que pertenezco a ese lugar con ellas, lo que significa que me quedaré. Involucrarme en la rotación del equipo de hospitalidad es una forma fácil de afianzarme en la comunidad. Las relaciones son pegajosas.

Sandy: ¡Exactamente!

Pablo: La comida y el café cuestan dinero y lleva tiempo comprarlos y prepararlos. ¿Son absolutamente necesarios?

Sandy: Sí. La iglesia cristiana primitiva nunca se reunía sin comer y beber. Es una parte vital de cómo hacemos comunidad. Comer y beber hace que la gente se relaje y se sienta como en casa. Fomenta la conversación. Los refrigerios son realmente una herramienta para construir relaciones. Y, sí, requiere mucho trabajo. Pero también da más oportunidades de incorporar personas al equipo. Si se hace bien, con excelencia, puede ser un trabajo convertido en diversión.

Pablo: Justo antes de que la pandemia del COVID-19 se instalara y los abrazos se volvieran peligrosos, asistí a una iglesia donde tuve la experiencia de volver a toparme con ese «muro de amor». Aunque a menudo he advertido que no hay que exagerar la bienvenida en la puerta de la iglesia, este joven estaba repartiendo abrazos, y era lo más entrañable. ¡Me sentí como el hijo pródigo en el porche de la casa paterna! Fue un abrazo un poco lateral, no muy largo; pero me dijo que estaba entrando en un lugar diferente a –por ejemplo– un supermercado o el cine. Pensé en ese saludo durante toda la semana y decidí que funcionaba bien en el contexto cultural de esa comunidad. Puedo imaginarme algunos lugares en los que simplemente asustaría a la gente. Así que el nivel de hospitalidad tiene que ser contextual, ¿no?

Sandy: Sí. Tenemos que respetar a todas las personas por lo que son. Dentro de una misma comunidad habrá una gran variedad de personalidades. Algunos serán introvertidos. Podemos leer su lenguaje corporal, si prestamos atención. Para algunas personas es mucho más cómodo mantener una conversación individual y tranquila que una conversación ruidosa y caótica. Pero esto también varía de un barrio a otro. En todo el mundo, hay diferentes normas sociales de un lugar a otro sobre cómo se relacionan los hombres con las mujeres, cómo se relacionan los niños con los adultos, cómo se relacionan los jóvenes con los mayores, si es apropiado el contacto visual y en qué medida, y así podríamos seguir. Por eso, lo mejor es que alguien del lugar ayude a organizar la hospitalidad que ofrece su iglesia de forma que tenga sentido en ese contexto concreto.

Paul: Volviendo al chico que me abrazó. Se arriesgó y llegó al límite de lo que podía funcionar; pero si iba a errar, iba a ser por el lado de la calidez. No jugó a lo seguro. Creo que eso es lo que más me gusta de la forma en que me recibió. Se arriesgó un poco para decirme que era especial y que me querían. Si lo peor que puedo decir de un lugar es que fue muy amable, es mejor que decir lo contrario. Por cierto, no fuiste la única persona de nuestra iglesia que empezó a saludar a los invitados mucho antes de ser miembro. ¿Recuerdas a nuestro amigo DeWitt?

Sandy: DeWitt era un hombre muy querido. Vino a vernos para cumplir con las horas de servicio comunitario ordenadas por el tribunal, debido a un incidente de conducción.

Paul: Al principio no sabía que éramos una iglesia y no le gustaban las iglesias. Cuando se dio cuenta, se decepcionó. Pero necesitaba las horas de servicio, y se quedó. Y teníamos a todos nuestros trabajadores de servicio comunitario ayudando los domingos.

Sandy: Realmente tenía el ADN de la hospitalidad del que hablábamos antes. Le gustaba la gente y hacía que la gente se sintiera bienvenida. Había tenido una cafetería durante muchos años y había construido un negocio haciendo esto. Así que le dimos boletines y le designamos como saludador del culto.

Paul: Escuchaba el culto, sentado en una silla justo al lado de la puerta. Un día, me di cuenta de que había movido su silla dentro de la puerta. Otro día, habíamos invitado a los reunidos a bajar a la parte delantera de la iglesia y orar. DeWitt dijo: «Voy a bajar, pero no me voy a unir a esta iglesia». Así fue hasta que se convirtió en un predicador laico y luego sirvió como líder cada domingo en otro sitio de ministerio. Ese recorrido ministerial comenzó cuando abrazamos el don de la hospitalidad de Dios en él.

Sandy: DeWitt fue también nuestro chef en el Café 98, nuestra cena comunitaria de los martes.

Paul: No podía creer que estuviéramos tratando de aceptar reservas para una cena a mitad de semana. Me dijo que si los restaurantes de la autopista 98, donde nos encontramos, exigieran reservas, ¡todos quebrarían!

Sandy: Entendió la importancia de pedir ayuda a la gente, de pedirles que sirvieran utilizando sus dones. Desde pelar patatas hasta lavar ollas y sartenes, pasando por manejar la caja en la puerta principal; se invitó a decenas de personas corrientes a participar en nuestra iglesia a través de un café comunitario semanal. Los martes por la noche pasaban entre 200 y 400 personas durante dos horas y media. DeWitt se ponía su gorro de cocinero y recorría la sala saludando a cada persona.

Paul: Esas cenas de los martes en el Café 98 se convirtieron en un simulacro semanal del ministerio que se nos exigía en 2005, tras el huracán Iván, cuando una cuarta parte de los miembros de nuestra comunidad se quedaron sin hogar, ¡incluidos ustedes! En ese momento, nuestra iglesia se convirtió en un refugio, un comedor comunitario y un lugar donde la gente podía llorar en los hombros de los compañeros y también encontrar un propósito ayudando a sus vecinos, incluso cuando sus propiedades estaban en ruinas. Cuando los vientos se calmaron, algunos de nuestros amigos se metieron en la cocina y empezaron a cocinar cualquier cosa que pudieran encontrar para sus vecinos. Fue hermoso; no se necesitó ningún permiso.

Paul: ¿Hay algo más que creas que debamos mencionar, tal vez sobre la configuración de la sala donde se produce la hospitalidad?

Sandy: Siempre que sea posible, hay que disponer de una zona abierta con luz natural y una buena iluminación/accesorios. Si hay asientos, deben estar dispuestos para fomentar la conversación. Debe haber una zona designada para refrescarse y dar la bienvenida. Yo sugeriría trabajar con alguien que sea un profesional o que tenga habilidades de decoración probadas para amueblar el espacio. Piensa en el espacio en términos de logística, facilidad para servir a la gente y limpieza. Pero también piensa en la persona que se presentará allí por primera vez. Quieres que el propio espacio les transmita: «¡Te estábamos esperando! Eres especial. Estamos muy contentos de que estés aquí».

Paul: Varios años después de que tú y yo trabajáramos juntos, Sandy, serví como asesor para sembrar una comunidad de adoración en la que no tenía nada que ver con lo que ocurría en el escenario. Entonces, ayudé como saludador. Añadía una nueva fila de sillas en la parte trasera de la sala cuando llegaba una multitud diez minutos después de la hora de inicio programada. Y debo decir que ese fue uno de los trabajos que más me llenaron de alegría en el ministerio: estar en el espacio donde damos la bienvenida a los hijos de Dios. Gracias por todo lo que me has enseñado a lo largo de los años sobre cómo hacer bien la hospitalidad.

Sandy: Nos divertimos, Paul, incluso en los momentos de locura.

26

INCORPORACIÓN DE NUEVAS PERSONAS A LA COMUNIDAD

Dan Pezet

La Iglesia Primera tenía un problema: llegaban muchos visitantes por primera vez, pero solo unos pocos se convertían en visitantes por segunda vez. Para corregir el problema, el personal leyó varios libros sobre cómo hacer que los visitantes de primera vez se sintieran bienvenidos, e hicieron cambios para ofrecer una excelente hospitalidad. Añadieron personas que saludaban en el aparcamiento, una gran señalización, centros de información, personas que ofrecían visitas guiadas y café. Aunque estos elementos de hospitalidad eran útiles, los visitantes seguían entrando y saliendo como si se tratara de una puerta giratoria. La Iglesia Primera empezó a darse cuenta de que la hospitalidad y la calidad del contenido del culto no eran suficientes para ayudar a la gente a sentirse parte de la comunidad de fe; la Iglesia Primera tenía un problema de incorporación.

Incorporar a alguien a su nueva comunidad de fe implica algo más que dar la bienvenida a los visitantes. Puede invitar a personas a su casa, ofrecerles una gran hospitalidad, y aún así pueden irse como visitantes. La *incorporación* es mucho más profunda: es un proceso espiritual de transformación que lleva a una persona de ser una visitante a ser abrazada como un miembro comprometido de la comunidad de fe. Esta labor de transformación se lleva a cabo estableciendo relaciones y ayudando a las personas a conectarse con la vida de la iglesia de manera significativa.

Su nueva comunidad de culto tiene que ver con una relación sanadora con Dios y con las demás personas. Esta relación es una expresión natural y un subproducto de nuestra fe. Y nuestra misión es ayudar a que más personas experimenten la alegría de descubrir tales relaciones.

Desgraciadamente, muchas de nuestras iglesias no se han adaptado todavía a nuestro contexto, que cambia rápidamente, para tener éxito en el trabajo de relaciones que se requiere. En algunos casos, se han centrado en el interior y han olvidado cómo hacer nuevos amigos en la comunidad. En otros casos, simplemente no tienen las rampas de acceso adecuadas. A finales del siglo XX, el servicio de culto funcionaba a menudo como la principal rampa de entrada para una nueva persona en la vida de la iglesia; pero hoy en día, la mejor rampa de entrada puede preceder a una participación significativa en el culto o implicar una experiencia muy distinta después de unas semanas de asistencia al culto. E incluso las iglesias que tenían una excelente incorporación hace unos años, han tenido que replantearse todo para tener en cuenta el aumento masivo de reuniones e interacciones en línea.

Rampas de acceso para la Iglesia de hoy

A partir de los años posteriores a la Segunda Guerra Mundial, surgió un patrón claro en muchas iglesias estadounidenses sobre cómo la gente se inició en la iglesia y progresó hacia una participación más profunda. A menudo, la gente comenzaba a «mudarse a una iglesia» desde el primer domingo que asistía a una reunión. La progresión sería la siguiente: asistencia al culto/ escuela dominical/grupo de mujeres/grupo de hombres/ grupo de jóvenes/ servicio a la iglesia/comunidad.

Este antiguo modelo de participación en la iglesia ha desaparecido en su mayor parte. Ahora la gente se conecta con una iglesia *en cualquier punto del camino del discipulado.* Cuanto más joven es la persona, más probable es que su recorrido de discipulado vaya en la dirección opuesta al antiguo camino. Una persona puede oír hablar de la iglesia que sirve a la comunidad de alguna manera, unirse a esa actividad y, a partir de ahí, ser invitada a conectarse con un grupo pequeño y luego el culto. Y la gente puede comenzar ese proceso en cualquier punto en estos días: servir a la iglesia/comunidad/ grupo pequeño/ adoración/ pacto de membresía (tal vez).

Después de examinar más detenidamente las pautas de los pocos visitantes que acudían por segunda vez a la Iglesia Primera, descubrimos que muchos de ellos habían participado en el ministerio de alimentos de la iglesia en el centro de la ciudad antes de asistir al culto por primera vez. Ya estaban conectados y sirviendo a la iglesia antes de cruzar las puertas del edificio físico. En otras palabras, aprendimos que ahora, más que nunca, no basta con lanzar un servicio de adoración para llegar a personas nuevas. Un servicio de culto nuevo debe ir acompañado de oportunidades de servicio y de una red de grupos pequeños que lleguen las personas nuevas. De esta manera, la participación de la iglesia se convierte en algo más que un simple servicio de culto; se convierte, verdaderamente, en una comunidad con el culto en su corazón.

El resto de este capítulo explorará la construcción de relaciones con personas nuevas a través de la lente de la adoración, el servicio y los grupos pequeños.

Incorporación a través de conexiones de culto

Muchas de nuestras herramientas tradicionales de incorporación giran en torno a la identificación de las personas que son nuevas en el servicio de culto. Esto suele desencadenar una serie de eventos para ayudar a los invitados de primera vez a familiarizarse con la iglesia, como darles un regalo de bienvenida, invitarles a rellenar tarjetas de información, tal vez llevar otro regalo a su casa con información sobre la iglesia, y luego alguna forma de conexión pastoral con invitaciones a los pasos siguientes, que podrían ser una clase para miembros nuevos. Todos estos métodos siguen siendo válidos para conectar con las personas nuevas y deberíamos continuar implementándolos.

Sin embargo, estos métodos tradicionales plantean tres problemas. En primer lugar, hoy en día la gente es mucho más que reacia a proporcionar información personal. Según un estudio, solo el 33% de los *millennials* estarían *dispuestas* a dar su dirección de correo electrónico, y es aún más improbable que compartan sus direcciones y números de teléfono[1]. Esto significa que debemos evaluar y adaptar continuamente la eficacia de nuestras herramientas.

En segundo lugar, muchas iglesias pasan por alto el ingrediente clave de los métodos tradicionales de seguimiento: la construcción de relaciones. Nuestro objetivo en cualquier respuesta a las nuevas personas debería ser construir una relación con ellas. Si no saben que alguien de la iglesia (o mejor aún, media docena de personas) les gusta de verdad y está interesado en conocerlos mejor, todo esto no irá a ninguna parte; no se puede fingir.

En tercer lugar, muchas iglesias no se han preguntado cómo pueden ofrecer a los recién llegados el mismo nivel de respuesta en línea que ofrecen a los recién llegados en persona.

Para ejemplificar cómo podríamos cambiar algunas de estas herramientas para crear oportunidades de construcción de relaciones, consideremos el ministerio del saludo. Cuando el saludo se hace bien, el vestíbulo de la iglesia puede ser la oportunidad de incorporación más importante de todo el sistema de la iglesia.

Como la mayoría de las iglesias, la Iglesia Primera se esforzó en saludar a la gente los domingos, pero los visitantes seguían sintiéndose como visitantes. Quienes saludan en la puerta no suelen ser eficaces para establecer relaciones, porque hay poco tiempo para conversar sin descuidar a la siguiente persona que entra por la puerta. Para resolver este dilema, además de las personas que saludarán en la puerta, asigne personas adicionales que saluden «flotantemente» en el vestíbulo, aquellas que son naturalmente extrovertidas y están dotadas para conectar con quienes los visitan . Estas personas flotantes pueden mantener una conversación con un visitante que termine por ejemplo de la siguiente manera: «Así que es nuevo en la ciudad y es profesor de escuela. Tiene que conocer a Cindy. Ella también enseña en primer grado. Deje que se la presente». La persona que saluda busca a Cindy y establece una conexión inmediata.

Para muchas personas, llevar a cabo este tipo de conexión les resultaría incómodo. Sin embargo, alguien extrovertido puede superar la incomodidad y hacer que este encuentro sea natural y agradable. Piense en ello como si fueran los anfitriones de una fiesta. Cuando se celebra una fiesta, es responsabilidad del anfitrión establecer conexiones y presentar a los invitados. Del mismo modo, cuando se organiza una celebración de culto, es responsabilidad de la iglesia ser la anfitriona y hacer que se produzcan conexiones en esta nueva comunidad de fe.

Además de los saludadores flotantes, hay otro punto de oportunidad en el vestíbulo de la iglesia: el quiosco de información. Cada vez que una persona va a buscar la respuesta a una pregunta, es una oportunidad para establecer una relación. Si alguien pregunta por la guardería, se convierte en una oportunidad para conectar a la persona con el coordinador de la guardería y/o con otra persona que tenga un hijo en la guardería. Visité una iglesia no confesional de Indianápolis que ofrecía una muy buena hospitalidad. Fui al mostrador de bienvenida para ver qué tipo de información proporcionaban. Me dieron una bolsa roja bonita con una camiseta y una taza de café dentro. Un momento después, un joven muy agradable se acercó y empezó a hablar conmigo. La conversación fue estupenda. Llevaba cinco minutos hablando con él cuando me di cuenta de que había venido intencionadamente a hablar conmigo. El esfuerzo por conversar no fue exagerado, pero sí intencionado. La iglesia tenía personas que saludaban de forma flotante y que hablaban intencionadamente con las personas que llevaban las bolsas rojas. ¿No sería estupendo que esto formara parte de la cultura de la iglesia hasta el punto de que la mitad de los miembros se convirtieran en saludadores flotantes? Este tipo de pensamiento puede aplicarse a todas las partes de un plan de hospitalidad, de modo que el saludo se organice para establecer relaciones.

En las reuniones en línea de la iglesia en el futuro, habrá formas cada vez más avanzadas de estructurar las interacciones de las personas para que se pueda crear un vestíbulo virtual o, al menos, habilitar una función de chat. Con una plataforma de este tipo, los asistentes en línea pueden dar la bienvenida a la gente y mantener una conversación limitada y con propósito (¡esta será un área de innovación que avanzará más rápido a principios de la década de 2020 de lo que podríamos editar continuamente en un libro de edición impresa! Etiquete el saludo en *línea* como un tema para observar las iglesias grandes y vanguardistas y sus tendencias).

Incorporación a través del servicio

Si estoy en casa de alguien como invitado a cenar y me pongo a ayudar a recoger la mesa después de la comida, normalmente me dicen que no me preocupe. Pero cuando voy a cenar a casa de mi mejor amigo, me dejará limpiar la mesa y me agradecerá la ayuda. Servir a la iglesia transforma a una persona de visitante a *perteneciente*. Por lo tanto, parte del proceso de incorporación consiste en ayudar a las personas a encontrar algo que les interese y que sean capaces de hacer, a ser posible dentro de las primeras semanas de su llegada. Cuando la gente busca pertenecer, quiere lanzarse y marcar la diferencia. Es una parte poderosa del proceso de incorporación.

Desgraciadamente, muchas iglesias no invitan a gente nueva a servir. Parece que existe la idea de que, o bien nadie quiere ser voluntario hasta convertirse en miembro; o bien hay que ganarse el derecho a ser voluntario cumpliendo uno o dos años de culto regular y tal vez uniéndose a una clase de escuela dominical, como requisito previo para servir. Las iglesias prósperas crean una atmósfera que invita a la gente a servir de inmediato. Anita Sharron, una directora de hospitalidad con la que tuve el placer de trabajar una vez, tenía un don especial para invitar a los visitantes que llegaban por primera vez a que fueran los encargados de saludar en la puerta inmediatamente. Se quedaba con ellos y les presentaba a medida que entraban. Varios años después, pude volver a esa iglesia y ver a varias personas que fueron invitadas a servir de esa manera y que todavía están allí y comprometidas a servir (junto con muchas más que se han añadido desde entonces). Aunque no creo que cualquier persona pueda hacer lo que hizo Anita sin que parezca raro o incómodo, nunca fue incomodo cuando ella lo hizo. Sin duda, demostró que invitar a la gente a servir en alguna capacidad debería ser una parte temprana del proceso de incorporación.

Considere dos enfoques diferentes para conseguir voluntarios. Primero, un anuncio pastoral: «Todavía no tenemos suficientes voluntarios para la escuela bíblica de vacaciones. Si está interesado, hay una hoja de inscripción en el vestíbulo». Segundo, una invitación personal: «John, nuestro del equipo de liderazgo ha estado orando sobre quién podría ser la persona adecuada para invitar a dirigir nuestra escuela bíblica de vacaciones de primer grado. Sentimos que los niños serían realmente bendecidos al conocerte. Sabemos lo mucho que quieres a tus nietos, y creemos que nuestros niños necesitan más abuelos espirituales. ¿Podría tomarse un tiempo para orar sobre ello y volver a llamarnos?». La primera invitación deja el trabajo en manos de la nueva persona, que puede no sentirse cualificada o incluso no tener permiso para ofrecerse como voluntaria. La segunda invitación hace el trabajo real de incorporación. Construye una relación, diciendo que la iglesia tiene un lugar para que usted sirva, y que está en conexión con su relación con Dios.

Al incorporar a las personas a una oportunidad de voluntariado, asegúrese de conectarla con la misión de la iglesia y con el llamado único de cada persona. Incluso el plegado de un boletín de culto impreso puede enmarcarse como la preparación de una herramienta para ayudar a las personas a experimentar a Dios. Esto se aplica a todas las tareas de la iglesia. No son solo trabajos; nos esforzamos por cumplir el llamado que Dios nos ha dado.

Para incorporar a las personas a través del servicio con la comunidad, muchas iglesias tendrán que cambiar todo su enfoque. A menudo, el «alcance comunitario» implica un equipo cerrado de la iglesia que realiza el ministerio para un grupo de personas. Si hay alguna colaboración, se hace con otros grupos de la iglesia. En este tipo de sistema cerrado hay poco espacio para la incorporación de nuevas personas. ¿Pero qué pasaría si la iglesia asumiera un papel de liderazgo en la movilización de todas las personas de buena voluntad para servir a sus vecinos? Una iglesia en franca decadencia siguió este consejo. El comisionado de la ciudad dijo a los miembros que la ciudad ya no podía mantener el parque que estaba a una cuadra de la iglesia, y el comisionado les preguntó si la iglesia podía ayudar a limpiarlo. En lugar de anunciar un día de limpieza en toda la iglesia para que los miembros acudieran a limpiar el parque, distribuyeron carteles en todas las casas de las manzanas circundantes, anunciando que la iglesia patrocinaba un día de limpieza en el parque. La iglesia invitó a todos los miembros de la comunidad a ayudar. Proporcionaron un castillo inflable para los niños, perritos calientes a la parrilla, rastrillos, palas, guantes y un contenedor de basura. Esta iglesia en declive, con 65 asistentes semanales al culto, contó con casi 400 personas que acudieron a ayudar a limpiar el parque. Este evento permitió a los miembros de la iglesia conocer a muchos de sus vecinos por primera vez y enviar un mensaje de que la iglesia se preocupa por la comunidad.

La clave para incorporar a nuevas personas mediante el servicio a la comunidad es *invitar a la comunidad*. Invite a grupos cívicos, grupos escolares y departamentos de bomberos y policía. Utilice las redes sociales. Capacite a los líderes para que establezcan relaciones con todas las personas que participen. Para las personas que son nuevas en la iglesia, esta es una oportunidad sagrada para poner su fe en acción. Quienes no participan, suelen percibir que la iglesia es hipócrita y no practica el amor que predica. La iglesia que sirve a la comunidad revela que *esta* iglesia es diferente a esa percepción. En este sentido, el acto de liderar la comunidad en el servicio es una forma de integrar a toda la comunidad.

Incorporación a través de grupos pequeños

Las redes de grupos pequeños permiten establecer relaciones a un nivel que no es posible durante una reunión de culto convencional de más de treinta personas. Cuando una iglesia añade un segundo servicio de culto, alguien dirá invariablemente: «¡Pero ya no podremos conocer a todas las personas!». Lo más probable es que, en ese momento, la iglesia ya haya crecido más allá de la capacidad de que todas las personas se conozcan; cuando se les presiona, los miembros más antiguos tendrían dificultades para nombrar a todas las demás personas quienes que están al otro lado del pasillo. Los grupos pequeños ofrecen un lugar donde cada persona puede conocer a todas las demás. El grupo pequeño es un lugar donde la gente encuentra pertenencia y compañeros espirituales para su recorrido de fe. Unirse a un grupo pequeño es otro momento de transformación espiritual que nos lleva de la visita a la pertenencia. Desde Jesús y su grupo pequeño de discípulos hasta las iteraciones actuales de grupos pequeños, Dios sigue llamando a las personas a crecer en el discipulado en comunidad con otros creyentes.

Los grupos pequeños eficaces invitan a personas nuevas a unirse; y al igual que ocurre con cualquier otra invitación a participar en las actividades de la iglesia, una invitación *personal* funciona mejor para los grupos pequeños. Este es un espacio en el que se puede invitar a los vecinos, a los padres del grupo de fútbol de los niños o a los amigos del trabajo. Invitar intencionalmente a nuevas personas ayudará a superar la tendencia de los grupos pequeños a invitar solo a personas que ya están profundamente comprometidas con la iglesia.

Para llegar a nuevas personas, los grupos pequeños son mejores cuando sus reuniones tienen lugar fuera del recinto de la iglesia. Los grupos pequeños pueden reunirse casi en cualquier lugar y es habitual encontrarlos en casas y restaurantes. También pueden formarse en torno a actividades como el yoga, el senderismo, el golf y los grupos de juego. Cuando los grupos se reúnen más allá de las paredes de la iglesia, nos permite conectar con personas que se sentirían incómodas al entrar en un entorno eclesiástico tradicional.

Hay recursos increíbles sobre cómo desarrollar grupos pequeños de todo tipo, ya sea en persona, en línea o un híbrido de ambos. Señalemos simplemente que el desarrollo de los grupos pequeños es una parte tan importante de la creación de una comunidad de culto, como el desarrollo de un equipo de música. Sin los grupos pequeños, la comunidad en sí misma puede permanecer muy pequeña y funcionar bien como grupo o puede crecer más pero no llegar a funcionar realmente como una comunidad. Usted querrá asegurarse de que esta tarea de formar y dar forma a los grupos pequeños esté incluida en su plan de desarrollo ministerial.

Los líderes de los grupos pequeños están en una gran posición para hacer parte de la incorporación tradicional de la iglesia. Pueden asegurarse de que los miembros del grupo pequeño tengan información sobre la conexión con la iglesia más grande y las oportunidades que encontrarán allí. Una parte del proceso de incorporación de las personas a los grupos pequeños debería ser también la expectativa de que el grupo pequeño se reproduzca en algún momento. Puede ser que un grupo crezca hasta el punto de dividirse en dos, permitiendo que ambos grupos sigan creciendo. Más comúnmente (porque, normalmente, el grupo original de personas crece tan cerca), serán una o dos personas de un grupo las que se comprometan en iniciar un nuevo grupo pequeño.

Medir el éxito de la incorporación

Cuando las nuevas personas se incorporan de verdad, verá el movimiento. Notará que las personas que entraron en la comunidad de fe a través del servicio de adoración comienzan a servir también y que las personas que entraron a través del servicio a los demás comienzan a participar también en un grupo pequeño. Este movimiento es el objetivo de una incorporación exitosa. Hace tiempo, medíamos el éxito contando nuestros miembros. En los últimos años, medimos el promedio de asistencia semanal al culto. En la iglesia de hoy, también podemos medir el número de personas que han pasado de participar en uno de los puntos de conexión a dos puntos de conexión, tres o más.

Hay maneras de ayudar a fomentar el movimiento a lo largo del recorrido. Puede invitar a un pequeño grupo a que sirva de anfitrión en el aparcamiento un domingo. Podría invitar a todos los asistentes al culto a tomar un domingo para dirigir una iniciativa de servicio en la comunidad durante el tiempo en que normalmente estarían reunidos dentro de la iglesia. Esto ayuda a reforzar los otros puntos de conexión, e invita a la gente a considerar en oración una conexión más profunda.

Al comenzar su nueva comunidad de culto, recuerde que no se trata solo de hacer entrar a la gente por la puerta como visitantes por primera vez. Está creando una comunidad. Esta comunidad hará un recorrido espiritual junta. Para que sea así, debe haber movimiento. Ese movimiento se centrará en un sistema sólido de incorporación que construya relaciones auténticas.

27

PERSONALIZACIÓN DEL MINISTERIO DE MENORES

Rachel Gilmore

Si la comunidad a la que intenta llegar está llena de familias jóvenes, nada es más importante que su enfoque del ministerio infantil. Cuando empecé a sembrar una iglesia para familias jóvenes hace diez años en Virginia Beach, mi hijo de seis meses era el mejor coplantador de iglesias que podría haber tenido a mi lado; Paul Nixon todavía dice que el pequeño Bennett debería haber ganado un premio Charles Denman[1]. Pasamos nuestros días en parques y grupos de juego, conociendo a otras familias jóvenes que anhelaban conectarse con una comunidad de fe para que sus hijos experimentaran el amor mientras recibían apoyo y estímulo como padres jóvenes. Como madre primeriza, estaba tan preocupada como ellos por encontrar una comunidad religiosa que fuera segura y divertida para nuestros hijos.

Cultivar un ministerio infantil fuerte significa, en primer lugar, tener un plan para la seguridad y el bienestar de los niños confiados a su cuidado. No importará lo divertidas, atractivas e innovadoras que sean sus actividades y programas infantiles, si los niños se lastiman o corren peligro mientras están bajo su cuidado. Los siguientes son consejos para un ministerio infantil seguro:

- Asegúrese de que todas las personas que vayan a enseñar o cuidar a los niños tengan una verificación de antecedentes y que siempre haya dos adultos en la habitación con niños de todas las edades.

- Considere la posibilidad de tener gafetes, chalecos o camisetas para identificar fácilmente a las personas que han sido debidamente investigadas para servir con seguridad y eficacia en el ministerio infantil cada domingo. Mi iglesia eligió tener un miembro del personal pagado y un voluntario los domingos por la mañana, en lugar de tener solo voluntarios, porque el miembro del personal pagado podía aprender los nombres y las necesidades de cada uno de los niños y asegurarse de que los niños vieran la misma cara amistosa cada domingo para aliviar las «lágrimas de despedida» durante la entrega. Consideramos que pagar a un miembro del personal para este fin era una excelente inversión inicial.

- Consulte la normativa estatal sobre la proporción entre adultos y niños para cada grupo de edad, e intente tener proporciones aún más bajas (un mayor número de adultos por niño) que las exigidas por el Estado, para demostrar lo mucho que valora a los niños de su comunidad religiosa.

- Elabore comunicados de prensa y exenciones para utilizarlos cuando vaya a tomar fotos de los niños, ya que muchos padres están limitando la presencia digital de sus hijos en Internet. A los padres les encanta ver fotos de «testimonios de vivencias» de sus pequeños disfrutando del ministerio infantil, pero a menudo utilizan un grupo cerrado donde se comparten las fotos. Estos grupos deberían ser solo por invitación y actualizados regularmente para limitar a quienes tienen acceso a las fotos y videos que usted toma de los niños.

- Elabore una política sobre cómo va a manejar los refrigerios, especialmente con el aumento de la incidencia de las alergias alimentarias en los niños.

- Desinfectar los juguetes del aula con regularidad y notificar a todos los padres si se produce un brote de enfermedades altamente contagiosas, como la conjuntivitis.
- La mayoría de las denominaciones tienen algún tipo de programa de *Santuarios Seguros*[2] que puede formar y equipar a su pastor y a los líderes y voluntarios del ministerio infantil en las mejores prácticas de seguridad con los niños.

Cultivar un ministerio infantil fuerte también significa mirar el trabajo a través de la lente de las familias y los niños que no han estado activos en una iglesia antes. Cuando iniciamos el servicio de adoración público, el espacio del que disponíamos era un gimnasio, sin una zona separada para el ministerio infantil. Dado que la mayoría de los domingos asistían más niños que adultos, fijamos intencionadamente nuestra hora de culto a las 11:00 a.m. y la llamamos «iglesia del brunch», donde los padres podían comer filetes de pollo y los niños fruta fresca y cada domingo mientras se sentaban en mesas redondas con actividades tranquilas como: colorear, modelar arcilla y explorar juguetes sensoriales. Esto mantenía a los niños ocupados mientras adorábamos juntos.

Es importante discutir, desde el principio, si se va a centrar en crear un espacio para que los niños permanezcan en el culto con sus padres o si van a adorar fuera del espacio principal del culto, en su propia «iglesia para niños». Algunos padres que trabajan durante la semana quieren que los domingos sean un tiempo de familia, en el que permanezcan juntos en el culto, mientras que otras familias quieren que sus hijos se relacionen con sus compañeros, dando a los padres tiempo para aprender sobre Dios en un entorno separado. Ambos enfoques son válidos, pero si quiere que los niños permanezcan en el culto, diversifique el espacio de culto y haga las modificaciones necesarias al formato para que satisfaga las necesidades de la variedad de edades presentes.

Para niños menores de tres años,

- añada algunos deslizadores o sillas mecedoras para que los padres jóvenes puedan usarlos mientras sostienen a sus bebés; y si tiene un área separada para las madres lactantes, asegúrese de que esté indicada con señalización, sea privada y fácil de encontrar;
- y considerar la posibilidad de disponer de un espacio de «oración» en la zona de culto principal, en el que los niños menores de tres años puedan estar en el culto con sus padres y disponer de juguetes blandos para jugar.

Para los preescolares,

- ofrezcan páginas para colorear que se relacionan con las escrituras de ese domingo;
- tenga una zona de merienda diseñada para los niños, con cajas de zumo ecológico, un surtido de patatas fritas o galletas preenvasadas y fruta fresca;
- e Invite a sus hijos en edad preescolar a colaborar en las actividades relacionadas con el culto, como el acomodamiento y el saludo. En algunas tradiciones eclesiásticas, los niños pueden actuar como acólitos encendiendo velas o llevando una cruz en el culto. Otras
- tradiciones permiten incluso la participación en funciones tradicionalmente reservadas a los adultos, como la oración y la lectura de las Escrituras. Considere la posibilidad de que los niños sirvan junto a uno de sus padres o familiares en la tarea asignada. Esta es una gran manera de ayudar a los niños a conectarse en el culto y crear vínculos entre el padre y el niño.

Para los niños en edad escolar,

- tenga bolsas de actividades con gelatina, laberintos para los dedos, actividades de encaje y materiales impresos, como crucigramas o rompecabezas codificados, que se relacionen con el sermón del domingo; también considere la posibilidad de añadir folletos de

«Notas del Sermón» para que los rellenen mientras escuchan el sermón;

- e invite a los niños a servir como acólitos, a actuar como servidores de la comunión, o a leer oraciones o escrituras como líderes en el culto. Esto no solo les impresionará, sino que permitirá a toda la congregación ver a los niños participando públicamente en su camino de fe.

Para niños de secundaria y bachillerato.

- Ofrézcales la oportunidad de ayudar como ujieres, actuar como servidores de la Comunión, o leer oraciones o escrituras como líderes en el culto.
- Invítelos a unirse a su banda; no solo tendrán la oportunidad de utilizar sus dones en una mañana de domingo, sino que también los conectará con grandes mentores entre sus músicos adultos. Asegúrese de que su líder de alabanza tiene una política clara sobre cómo el personal y los mentores adultos se comunicarán con los menores a través de texto o correo electrónico, y asegúrese de que los padres de familia están informados de la política también.
- Aprovechar sus habilidades como técnicos de sonido o audiovisuales. Muchos adolescentes tienen más conocimientos tecnológicos que los adultos en el culto, así que pídales que ayuden los domingos por la mañana con el vídeo o el sonido después de haber recibido la formación adecuada. Esto les dará habilidades que podrán utilizar más adelante en la vida, apreciarán la responsabilidad añadida y les animará a asistir de forma regular para ayudar a que el culto se convierta en un ritmo de su vida.

Es de esperar que pueda encontrar financiación para, al menos, un director de la pastoral infantil a tiempo parcial. Incluso si puede financiar este puesto solo por unas horas semanales, sigue siendo una buena inversión. Lo ideal es que en este puesto haya alguien que crea que los niños son las personas más importantes en la vida de la iglesia y que tenga experiencia en educación, alguien que tenga la habilidad de seleccionar o crear actividades innovadoras y atractivas para los más pequeños de su iglesia. Esta persona se asegurará de que los niños estén seguros, diseñará un ministerio que esté en sintonía con la filosofía de la iglesia en cuanto a dónde y cómo participarán los niños, y pensará constantemente en la hospitalidad y la comunicación con los padres y los niños.

Algunas iglesias eliminan los rangos de edad de las puertas de su guardería y los sustituyen por carteles con denominaciones como *Pequeños Corderos* o *Niños del Reino*; pero si se opta por este enfoque, entonces los invitados de primera vez no tendrán ni idea de dónde llevar a sus hijos. Por eso, cuanto más directa y clara sea su señalización, mejor.

Asegúrese de tener un sistema de registro que sea fácil de seguir y entender, y que los padres sepan cómo se les contactará si hay un problema o una preocupación con su hijo (como un mensaje de texto, un timbre o un código mostrado en las pantallas durante el culto). Además, tenga en cuenta que las iglesias llenas de niños rara vez están llenas de adultos sentenciosos que gritan a cualquier niño que corre en el pasillo o deja huellas dactilares pegajosas en una mesa. Recuerde a los adultos de la nueva comunidad de culto la necesidad de ser cariñosos y pacientes con todas las pequeñas vidas que hay entre ellos.

Vivimos en una sociedad de alta tecnología. Por lo tanto, después del servicio de adoración, planee enviar a los padres un correo electrónico o un texto con un resumen detallando lo que los niños aprendieron sobre Dios, junto con algunas maneras apropiadas para la edad para ampliar ese aprendizaje en casa. Desde el tiempo que pasan en el coche hasta la hora de la comida, el baño y la hora de acostarse, los padres quieren saber cómo hablar con sus hijos sobre la fe. Cuantos más recursos pueda darles, más conectados se sentirán con su comunidad de fe.

Ofrezca reuniones ocasionales para los padres en las que puedan hablar sobre formas piadosas de disciplina, para enseñar a los niños habilidades prácticas para la vida y para guiar a los niños de todas las edades en el uso de la tecnología. Implementamos una regla en nuestro hogar de que nuestros hijos en edad primaria no podían usar tabletas o teléfonos de lunes a viernes, para que pudieran desconectarse del mundo digital que los rodea. Fue mucho más fácil para ellos adaptarse a esta regla porque un grupo de padres de la iglesia la implementó conjuntamente. De esta manera, no les pareció tan «injusta» o «loca» a nuestros hijos. Crear espacios y formas para que los padres aprendan unos de otros y hablen de las alegrías y los desafíos de la crianza de los hijos, solo alimentará más energía y conexión dentro de su iglesia.

En Mateo 18, Jesús nos dice que, si no cambiamos y nos hacemos como niños, no entraremos en el reino de los cielos. Las comunidades de culto prósperas de hoy en día valoran la presencia y la opinión de los niños y crean oportunidades para celebrar y jugar con alegría infantil. Organizar viajes de acampada, excursiones, juegos, picnics u otros eventos que permitan a los adultos y a los niños reír y construir juntos la comunidad, es importante en una nueva comunidad de culto. Nuestra iglesia organiza cada año un picnic de Pentecostés, en el que los adultos compiten contra los jóvenes en el *kickball* y el tira y afloja. También, hemos ofrecido proyectos de servicio trimestrales, donde los adultos y los niños pueden servir lado a lado en el ministerio. Las risas y el sentido de conexión que se comparten a través de estos eventos han continuado fortaleciendo nuestra comunidad de jóvenes en sus años de fundación.

Para las comunidades de fe muy pequeñas, a veces tiene sentido ofrecer una experiencia de ministerio infantil de calidad una vez al mes, en un momento que no sea el domingo por la mañana, cuando todas las manos pueden estar en cubierta para centrarse exclusivamente en tener una gran reunión de ministerio infantil. Esto permite a la iglesia que solo tiene unos cuantos niños decir a las nuevas familias: «Aquí hacemos algo muy especial para los niños cada primer sábado». La iglesia Vecinos de Lincoln, Nebraska, utilizó esta estrategia en sus primeros años.

Cualquiera que sea el rango de edad y el grupo demográfico de su nueva comunidad de culto, es probable que necesite un ministerio fuerte de niños. En los Estados Unidos, cuando las familias que no asisten a ninguna iglesia deciden empezar a asistir, la razón número uno que dicen sigue siendo fuerte: «Por el bien de mis hijos». Recuérdelo.

ALINEACIÓN CON LOS MINISTERIOS EXISTENTES

Paul Nixon

Cuando se inicia un nuevo ministerio, es fundamental que esté en consonancia con el sistema ministerial más amplio que en el que se ubica o acoge. Con una nueva comunidad de culto, las posibilidades de perder tal alineación son significativas. Sin dicha alineación, se producirá un conflicto y posiblemente también una división entre las personas dentro de la iglesia, lo que dará lugar a un sismo local.

¿Qué entendemos por «alineación» dentro de una iglesia?

- Se comparte una visión común del ministerio entre los líderes, los grupos y las comunidades bajo el mismo paraguas organizativo[1].
- Existe un lenguaje compartido para hablar de la fe y la visión de la iglesia.
- Hay claridad sobre cómo se toman las decisiones, concretamente, qué tipo de decisiones se delegan en los líderes a nivel celular y qué tipo de decisiones se toman para toda la iglesia (todas las células).
- Existe un acuerdo sobre las prácticas o protocolos que deben observarse a todos los niveles y en todas las divisiones ministeriales[2].

- Hay un respeto demostrado por otros ministerios de la iglesia que pueden servir a diferentes grupos primarios, y los líderes de estos ministerios son vistos como hermanas y hermanos en la obra del evangelio.

Los pastores de varias sedes y los pastores de grandes iglesias han observado a menudo que, en el caso de los nuevos ministerios, suele ser más fácil desplegar a los líderes que han crecido dentro de los valores y las prácticas de ese sistema ministerial local, que intentar importar a personas con talento de fuera de él. Incluso si los talentos de fuera proceden de la misma denominación, pueden encontrar puntos en los que sus instintos o convicciones sean contrarios a las normas locales. Steve Cordell, de la iglesia Crossroads, en el área de Pittsburgh, ha dicho famosamente: «Córtate el brazo antes de contratar a un pastor del campus que no sea de tu iglesia local»[3]. Eso es una hipérbole y oculta el dolor de la experiencia de su iglesia al contratar a personas externas con talento que *no están del todo de acuerdo con* la visión local del ministerio. Cuando comparto esta anécdota con pastores experimentados de iglesias comunitarias con múltiples sedes o cultos, todos asienten con la cabeza y casi siempre proceden a contarme una historia muy dolorosa sobre cómo aprendieron esto por la vía difícil.

Para los propósitos de cualquier nueva comunidad de adoración, no confíe a nadie como un importante lanzador de visiones o predicador para dirigirla, a menos que esta persona haya pasado al *menos un par de años* dentro de ese sistema de iglesia local en particular y haya demostrado ser fructífero en las cosas que ha iniciado y dirigido, y que también esté alineado con el liderazgo principal como un compañero de equipo[4]. Incluso, si usted planea tener un sermón cada domingo proporcionado a toda la iglesia por medio de una transmisión de video, un pastor de la comunidad de adoración que no predica debe estar a bordo con la dirección de los mensajes, la teología y la visión del ministerio.

Esta alineación es importante no solo para el pastor de la nueva comunidad de culto, sino también para todos los líderes de esta comunidad nueva. El pastor de la comunidad de culto, es responsable de supervisar la alineación dentro de su equipo de liderazgo y abordar inmediatamente *cualquier indicio* de no alineación.

En el primer año del nuevo campus que dirigí en la Iglesia Metodista Unida de Gulf Breeze, Florida, se hicieron evidentes las diferencias en el estilo de adoración entre nuestro campus y la variedad de servicios ofrecidos en el campus madre. Unos tres meses después de que lanzáramos el culto en la nueva sede, decidimos ofrecer un «servicio de Nochebuena anticipado» para las personas que están fuera de la ciudad con la familia el 24 de diciembre. Celebramos este servicio un domingo por la tarde, unos cinco días antes de Navidad, e invitamos a uno de los coros del campus principal a unirse a nosotros. Algunas personas del nuevo campus eran contrarias a la iglesia tradicional hasta la médula. Varios de ellos hicieron comentarios despectivos sobre la música coral en este servicio. Era muy importante que los líderes de nuestro campus estuvieran unidos en nuestra respuesta a estos comentarios. Acordamos que seríamos amables pero firmes al decir que celebramos la diversidad de estilos de culto, dentro de nuestra iglesia y que apreciamos especialmente el hecho de que fueran personas con instintos de culto tradicional las que pusieron gran parte del dinero para iniciar el servicio de culto no tradicional que disfrutamos.

He aquí algunas de las mejores prácticas para mantener la alineación entre su nueva comunidad de culto y el resto de la iglesia:

- Las personas que dirigen las distintas comunidades de culto deben reunirse con regularidad para compartir y trabajar en equipo. Cuando los líderes están alineados como un equipo, cuidando unos de otros, trabajando juntos y afirmando su compromiso mutuo con el progreso de la iglesia, su confianza y trabajo en equipo se extiende al resto de la iglesia.

- Cuando hay un desacuerdo entre estos líderes, debe haber claridad en términos de cómo se va a resolver el desacuerdo. En la mayoría de los casos, el capitán del equipo (o el pastor principal) tomará la decisión final. Todos los demás deben estar de acuerdo en que respetarán plenamente las decisiones del capitán del equipo. Ocasionalmente, veremos equipos de dos o tres pastores que intentan trabajar juntos en consenso. He formado parte de un equipo pastoral de este tipo, y nos fue bien. El estilo de consenso nos funcionó por el alto grado de confianza y el tiempo que pasamos juntos como equipo. Sin embargo, debería haber un pastor designado con clara autoridad para romper un empate o un atasco en el consenso.

- En todos los casos, cuando los pastores o líderes principales salen de una reunión de equipo, deben presentar un frente unido al resto del personal y a la iglesia. Cuando un pastor o líder de la comunidad de alabanza es incapaz de hacer las paces en torno a ciertas decisiones o políticas, puede ser el momento de que ese líder comience a explorar nuevas oportunidades de ministerio, más allá de su congregación actual.

- Cuando la nueva comunidad de culto sigue afiliada a una iglesia existente y se ha desprendido de ella, la nueva comunidad debe seguir la misma serie de sermones que el resto de la iglesia, en la mayoría de los casos. Esto puede hacerse a través de la predicación en vivo basada en un esquema común desarrollado por el equipo a través de una transmisión de vídeo, con un predicador que prepare el mensaje de cada semana para todas las comunidades de culto.[5]

- En la iglesia Embrace de Sioux Falls (Dakota del Sur), uno de los pastores de la comunidad de alabanza (que predica solo cuatro veces al año) preside el proceso de desarrollo de las series de sermones durante todo el año[6]. De esta manera, existe un equipo entre los pastores de predicación que es equilibrado y se apoya en los variados dones alrededor de la mesa. Este tipo de colaboración profunda favorece la permanencia de los miembros del equipo porque todos se sienten profundamente valorados. Practicar los énfasis e iniciativas de toda la iglesia como norma. "Es mejor para toda la iglesia tener un domingo de misiones o un compromiso de mayordomía, a que este tipo de énfasis varíe según el servicio de adoración". Pequeñas variaciones en la ejecución de las iniciativas de toda la iglesia se deben hacer en forma organizada, como una forma de contextualización, pero mantener los lineamientos tan similares como sea posible.

- Cuando las comunidades de culto se reúnen en diferentes lugares, hay formas visibles en las que los diferentes lugares pueden señalar la alineación, como tener un aspecto similar en la zona del café, tener esquemas de color o decoración similares en el vestíbulo, y colocar una señalización idéntica que conduzca a la zona de los niños.

- Debe haber un equipo de visión para la iglesia que supervise el ministerio en todos los lugares y en todas las reuniones de culto. Cualquier equipo que exista para la ejecución del ministerio en un campus o comunidad de trabajo en particular, debe entender los límites dentro de los cuales pueden tomar decisiones y/o contextualizar el ministerio.

Muchos miembros del personal con mucha antigüedad no podrán o no querrán ajustar sus prácticas de liderazgo para dotar de recursos a una iglesia cada vez más compleja en múltiples comunidades de culto. Algunos miembros del personal pueden tener que dejar una iglesia cuya estructura organizativa se está quedando pequeña para sus habilidades y preferencias personales de liderazgo. Esto no debería ser una situación para avergonzarse; en la mayoría de los casos, es simplemente una preferencia en los estilos de ministerio. Cuando un ministerio crece más allá de nuestro nivel de comodidad (lo que suele significar un enfoque en más administración y menos contacto directo con la gente en la primera línea del ministerio), debemos buscar una iglesia con una estructura organizativa más simple. Algunos líderes funcionan mejor en una iglesia con una asistencia de entre 400 y 800 personas. Cuando la iglesia se hace más grande y complicada, su nivel de estrés aumenta y su diversión disminuye. En estos casos, probablemente sea el momento de cambiar de trabajo en una nueva iglesia.

Si deciden quedarse y no tienen las habilidades para supervisar un ministerio de mayor escala, deben estar preparados para aceptar un descenso en la organización y perder su relación de reporte directo con el pastor principal.

Mantener una iglesia alineada a medida que crece, requiere trabajo. Dado que dicha alineación afecta al personal, puede ser un poco complicada. Pero será muy difícil para la iglesia que decida que la alineación no vale la pena. Esa iglesia experimentará una o ambas cosas: serán «misteriosamente» incapaces de crecer, y/o entrarán en una temporada de comportamiento pasivo-agresivo y conflicto por debajo de la superficie que sabotea su ministerio.

LANZAMIENTO DEL SERVICIO DE ADORACIÓN DENTRO DE UN CONTEXTO AFROAMERICANO

Candace Lewis

Si usted está respondiendo al llamado de crear y lanzar una experiencia de adoración contextual que alcance a las personas afroamericanas o afrodescendientes, ¡gracias! Al emprender este emocionante recorrido ministerial, le invito a considerar al menos cuatro aspectos: Considere su **llamado,** la **comunidad** en la que va a lanzar este nuevo servicio, el **contexto** actual **de** la iglesia y quién **colaborará** con usted en esta nueva aventura. Dios sigue llamándonos a lanzar nuevas experiencias de culto para conectar a la gente.

El llamado de Dios a lanzar algo nuevo puede parecer inicialmente para la persona que lo recibe como si saliera de la nada. Sin embargo, cuando esa misma persona mira hacia atrás en sus experiencias de vida, recuerda que es una persona con iniciativa propia. Ve los retos y las injusticias y se pregunta qué puede hacer para resolverlos. No se conforma con quedarse al margen, lamentando que ya nadie acuda a la iglesia. Estas personas están orientadas a la acción, siempre luchando por encontrar soluciones a los retos a los que se enfrentan tanto en la sociedad en general como en su comunidad local.

Tal vez usted sea una de esas personas, que está discerniendo un llamado de ese tipo. Es hora de decir «si» y empezar.

Al responder a su llamado, considere la comunidad a la que ha sido dirigido. ¿Existen iglesias para personas de raza negra en esta comunidad? Si es así, empiece por pensar como un organizador de la comunidad y visite cada iglesia. Haga preguntas al pastor y a los líderes actuales para entender quiénes son, qué ofrecen y qué falta. Tome buenas notas de lo que aprenda. Recuerde que el nuevo servicio que está llamado a poner en marcha puede ayudar a llenar las lagunas que descubra. A continuación, además de entrevistar a los pastores, hable con varios residentes de la comunidad, un grupo lo más diverso posible de una comunidad a otra. Deje *que* le enseñen lo que falta y lo que se necesita.

Hablo como alguien que ha sembrado iglesias y que actualmente entrena a plantadores de iglesias afroamericanos. He realizado investigaciones y he participado en estudios de investigación sobre la plantación de iglesias afroamericanas. Quiero asegurarles que todavía hay una necesidad crítica para que las personas afroamericanas lancen lo que ustedes están llamados a ¡lanzar! Solo asegúrese de que lo que desea ofrecer ya no existe en su comunidad. A medida que piensa en el tipo de servicio que va a lanzar, pensemos en cómo ha evolucionado la Iglesia Negra. Esta perspectiva histórica le ayudará a construir un puente desde el pasado al presente, llegando al futuro.

En primer lugar, entendamos que algunas denominaciones principales iniciaron iglesias para las comunidades negras después de que la esclavitud terminara, y algunos líderes dejaron la Iglesia Metodista porque no se les permitía orar. Richard Allen fue uno de esos líderes, y comenzó una nueva denominación llamada Iglesia Metodista Episcopal Africana. La Iglesia Negra creció durante la Reconstrucción y hasta la época de los derechos civiles. En la década de 1980, las comunidades negras vieron el surgimiento de grandes iglesias no confesionales, de la palabra, carismáticas y evangélicas, centradas en el evangelio de la prosperidad. Algunas iglesias grandes adoptaron una mentalidad de «mega iglesia», que parecía centrarse principalmente en un camino de fe individual y centrado en uno mismo. Desgraciadamente, en muchos casos, no lograron mantener el reto individual de la autorrealización, en tensión con los compromisos históricos de la Iglesia Negra, tanto con la formación de la fe individual como con la transformación colectiva de la comunidad. Esta desviación del enfoque de las iglesias negras históricas ha dado lugar a una situación consumista en la que la gente va en coche a un barrio para asistir al culto y lo abandona sin ninguna transformación social. Hay excepciones, pero demasiadas iglesias tienen un impacto mínimo en la gente de la comunidad circundante.

Creo que estamos entrando en una era diferente. Esta nueva temporada invita a un nuevo tipo de plantador de iglesia-líder a iniciar nuevas experiencias de culto relevantes para las personas afroamericanos que adorarán, servirán y tendrán un impacto en las comunidades en las que residen. Recordemos que muchas iglesias negras de hoy en día se ven acosadas por un liderazgo envejecido, sin un plan de sucesión, con instalaciones costosas, asientos vacíos y una deuda creciente, ya que los adultos jóvenes negros optan por ver un servicio de adoración en línea y luego se dirigen al almuerzo del domingo. Estas y otras realidades nos recuerdan la necesidad de iniciar nuevas experiencias de culto contextuales y centradas en la comunidad en un contexto afroamericano.

Una vez seguro de su llamado y de su comprensión acerca de la comunidad a la que va a servir, analicemos su contexto y sus colaboradores. Primero, su contexto. Permítanme comenzar compartiendo la historia de una plantadora de iglesias. Claudia tiene poco más de 40 años y ha respondido al llamado de iniciar una nueva expresión de culto en su ciudad. La mayoría de las iglesias de su ciudad no están conectando eficazmente con las familias jóvenes. Tampoco son capaces de captar la atención de las personas que «han terminado con la iglesia», ni de los residentes de los barrios privilegiados. A través de conversaciones, entrevistas y encuestas, Claudia discernió un llamado para iniciar una nueva comunidad de culto que también puede ser una expresión fresca de la iglesia[1]. Se ha puesto en contacto con líderes de su denominación que apoyan su visión. Se imagina un espacio que incluya el culto, el yoga, una cafetería y un espacio de *coworking*. Se imagina un lugar para conversaciones transformadoras. Claudia no se centra únicamente en reunir una masa crítica de personas para «lanzar» un nuevo servicio de culto. Sin embargo, el culto sigue siendo una parte fundamental de su visión. Está imaginando cómo este nuevo servicio puede ayudar a impactar la comunidad y crear un nuevo contexto ministerial que responda a los intereses y necesidades de la misma.

Digamos que, como Claudia, has establecido tu contexto particular. Ahora, consideremos quién lo acompañará: ¿Con quién puede colaborar en el lanzamiento de esta nueva experiencia de culto? Claudia ha encontrado un socio en otra iglesia nueva de su ciudad, una iglesia con un enfoque muy fresco del ministerio y una congregación multiétnica. Ella ha servido en su equipo. Claudia está construyendo un nuevo equipo de lanzamiento y desarrollando líderes que ayudarán a lanzar cada aspecto de la próxima aventura de inicio del ministerio. Este equipo está formado por personas que quieren compartir las responsabilidades del culto, la transformación de la comunidad, la justicia social, el discipulado, la misión y la administración.

¿Hay iglesias existentes en la comunidad que podrían asociarse con usted, en este nuevo lanzamiento? ¿Está desarrollando un equipo central de personas con ideas afines que quieran ver cómo este nuevo ministerio cobra vida en esta comunidad? Demasiados plantadores de iglesias tratan de cargar con demasiadas cosas sobre sus propios hombros y no logran desarrollar un equipo fuerte en su primer año. Me recuerda la escritura de Eclesiastés 4:9-12:

> *«Más valen dos que uno, pues mayor provecho obtienen de su trabajo. Y si uno de ellos cae, el otro lo levanta. ¡Pero ay*

del que cae estando solo, pues no habrá quien lo levante!
Además, si dos se acuestan juntos, uno a otro se calientan;
pero uno solo, ¿cómo va a entrar en calor? Uno solo puede
ser vencido, pero dos podrán resistir. Y además, la cuerda
de tres hilos no se rompe fácilmente».

Ha sido llamado a un pueblo y a un lugar con la visión de lanzar algo muy contextual a la comunidad en la que dirige y sirve. A medida que su visión de este nuevo servicio se hace más clara, ¿qué hará para cultivar los recursos necesarios para empezar? Muchas personas que son llamadas a iniciar un nuevo servicio ya tienen un trabajo diario, por lo que no tienen que añadir a sus preocupaciones la presión de asegurar que el nuevo servicio de culto sea financieramente sostenible en un plazo determinado (razón de más para centrarse en el desarrollo del equipo desde el principio). Y, cuando un nuevo líder ministerial se gana la vida con una fuente ajena a la iglesia, el dinero recaudado en los primeros meses puede reinvertirse en el crecimiento del nuevo servicio de culto y tener un efecto positivo en la comunidad.

Deberá preguntarse cuáles son algunos de los problemas o desafíos a los que se enfrenta la gente de esta comunidad y que las personas conectadas a este nuevo servicio pueden abordar. Para esta década de 2020, el nuevo servicio de culto que está considerando podría comenzar como una experiencia digital y avanzar hacia un híbrido de actividades presenciales y en línea. Sea cual sea su visión, recuerde que debe centrarse en conectar con la comunidad. Preste atención a su contexto: es distinto al de los demás. Y colabore con las personas que Dios ha colocado en esa comunidad para que unan fuerzas con usted en la creación de un ministerio para la transformación.

30

PRACTICAR LA MULTIPLICIDAD DESDE EL PRINCIPIO

Paul Nixon

Hace unos diez años, me senté con un obispo jubilado de Filipinas, que me explicó cómo, a finales del siglo XX, una denominación de clase media socialmente aislada en su país empezó a crecer de nuevo, con bastante rapidez[1]. Lo hicieron creando un mecanismo estructural que animaba a todas las iglesias metodistas del país a adoptar un lugar de ministerio más allá de su edificio local. A medida que las relaciones con sus vecinos maduraban en los distintos puestos de misión elegidos, se iniciaban grupos de estudio bíblico y, con el tiempo, se iniciaban nuevos servicios de culto. Pero antes de que empezara cualquier servicio de culto, en un puesto de avanzada del ministerio, la gente de esa comunidad de fe emergente elegiría *otro lugar* que se convertiría en *su* puesto de avanzada del ministerio. Eligieron su puesto de avanzada ministerial antes de celebrar su primer servicio de culto, asegurándose así de que siempre estaban trabajando dos territorios del ministerio.

Siempre pensando en el siguiente lugar: La analogía del diamante de béisbol

Cuando regresé a Estados Unidos, mi colega filipino-estadounidense Bener Agtarap (autor del capítulo 7 de este libro) trabajó conmigo para crear una analogía fácil de entender sobre cómo se lleva a cabo este mecanismo. Elegimos un diamante de béisbol como analogía. **El home plate:** Piense en la congregación existente como si estuviera en el plato de béisbol. Mientras buscan ser jugadores de béisbol fieles y efectivos, los líderes y miembros de esta iglesia batean la pelota y comienzan a correr las bases, desde el home hasta la primera, pasando por la segunda y la tercera, y así sucesivamente.

Primera base: Cuando llegan a la primera base, la iglesia ha elegido un nuevo lugar, por lo menos a una milla de su actual lugar de culto para comenzar una presencia ministerial regular de servicio a sus vecinos. Puede ser cualquier tipo de ministerio, en respuesta a una necesidad humana demostrable y dentro de la imaginación y las habilidades de la iglesia. Con el paso de los meses, el ministerio alcanza una gran cantidad de personas en el nuevo vecindario que han comenzado a confiar en la gente de la iglesia y a trabajar junto a ellos en el servicio. En muchos casos, el ministerio pionero tiene que ver con los niños del barrio. En otros casos, el ministerio está relacionado con las personas más pobres, que viven con inseguridad alimentaria y/o de vivienda. En la jerga metodista estadounidense actual, piense en cualquier tipo de expresión fresca u otro ministerio que reúna a la gente y comience a cultivar aspectos del reino de Dios en en el barrio.

Segunda base: Con el tiempo, un subgrupo de adultos (que están siendo servidos o que están ayudando a servir) está listo para algo más. La comunidad orgánica emerge cuando la gente pasa el rato después de los tiempos oficiales del ministerio para disfrutar de la compañía de las demás personas en la congregación. Y a menudo comienza la exploración intencional de la fe o el ministerio de formación en la fe. Esto podría ser un ministerio de grupos pequeños o una clase de Biblia, algo que permita que las personas se reúnan y comiencen a reflexionar juntas sobre la vida a la luz de la fe cristiana. Pasan más meses y algunos deciden hacerse cristianos y otros deciden reactivar su fe. Se aproxima una disposición al culto en el barrio.

Tercera base: Se lanza una nueva comunidad de culto en el barrio, aprovechando todas las relaciones establecidas en la primera y segunda base como posibles miembros del equipo de lanzamiento del nuevo servicio. Pero antes de que comience el culto, el equipo de lanzamiento toma *dos* grandes decisiones: (1) cuándo y dónde celebrar el culto semanal en su barrio, y (2) qué barrio cercano adoptarán como zona de servicio misionero. Con la segunda elección, comienzan (desde la segunda base) a dirigir un diamante de béisbol completamente nuevo, donde irán a una nueva primera base (iniciando un ministerio de servicio) y así sucesivamente. Comienzan su nuevo culto y ministerio de servicio en otro lugar simultáneamente.

De vuelta al *Home*: La nueva comunidad de culto ha madurado y crecido. Cuenta con los líderes necesarios y ha alcanzado la cantidad de personas de la comunidad crítica necesaria para, básicamente, valerse por sí misma y cubrir sus propios gastos en su totalidad. Da las gracias a la iglesia madre, que ha invertido innumerables tardes de domingo en ayudarla a establecerse. En este momento, la iglesia madre celebra esta victoria y elige *otro lugar* para empezar a servir a los vecinos, iniciando otra carrera alrededor de las bases. Mientras tanto, la iglesia nueva está ahora en camino de desarrollar su propio ministerio para la gente en su lugar de misión elegido.

Ya se entiende la idea general. La multiplicación del ministerio no es algo en lo que haya que pensar el año que viene o después de cruzar un determinado umbral en el crecimiento de la nueva comunidad de culto. La multiplicación se convierte en una parte de la vida desde el primer día, con cualquier nuevo ministerio. La elección *de un próximo lugar* es una gran manera de reorientar cualquier iglesia de un modo de mantenimiento a un modo de multiplicación del ministerio.

Pensar siempre en los próximos líderes: La analogía de las vías del tren

Recientemente, asistí a la iglesia Embrace, en Sioux Falls, Dakota del Sur, y pasé la mayor parte de una mañana de domingo estudiando lo que ocurría en la barra de café del vestíbulo de su campus de la calle 57. En el servicio de las 8:00 a.m., una persona en particular hace el café. Le encanta madrugar y este es su ministerio. Aquella mañana le observé atentamente mientras preparaba las primeras tazas, pero en algún momento le perdí de vista. Ya no estaba en la barra de café. Luego vi a otras dos personas trabajando en la barra de café y hablando con la gente que llegaba al servicio temprano. A lo largo de la mañana, me quedó claro que la preparación del café era un trabajo de equipo. El hombre que hace el café me estaba enseñando algo importante: todo gran equipo ministerial está constantemente haciendo espacio para que alguien más dé un paso adelante y sirva.

Si hubiera dejado de prestar atención a la barra de café, podría haber asumido que se trataba de un trabajo individual. Así es como funciona gran parte del ministerio: un voluntario dedicado se presenta semana tras semana, año tras año, hasta que se muda o muere y entonces empezamos a buscar un sustituto que básicamente renuncie a todos los domingos de su vida durante los próximos 20 años para hacer lo que hizo el último siervo. Me cansa solo pensar en ello y si me acerco a usted para pedirle que se ofrezca como voluntario para esto, una de dos cosas sucederá: (1) si tiene límites aceptables y sentido común, ¡huirá de mí tan rápido como pueda! (2) Si le encuentro en un momento de debilidad o tiene la necesidad de que lo necesiten, le paso un trabajo que le ocupará durante mucho tiempo, incluso mientras su cónyuge me mira mal.

El ministerio del café de la Iglesia «*Embrece*» es un equipo que cambia constantemente, incorporando a nuevas personas e invitando a los servidores de café experimentados a apartarse de su turno habitual para dejar espacio a otros. Hay probablemente una docena de personas en el equipo que trabajan colectivamente en esa única estación de café. Y hay varios puestos de café adicionales. Cuando llega el momento de abrir un nuevo campus, tres o cuatro de estos servidores de café y quizás un par de exalumnos preparadores de café formarán fácilmente un equipo nuevo en el lugar nuevo, muy fácil.

La razón por la que Embrace aprendió a hacer esto fue porque creció muy rápido en sus primeros años (alrededor del 40 % cada año). Yo era su entrenador en esos primeros días. Cuando veíamos el ritmo de crecimiento, nos fijábamos en uno de sus ministerios, como Embrace Kids, y nos preguntábamos: al ritmo que estamos creciendo, ¿cuánto espacio y cuántos líderes más necesitaremos el *año que viene por estas fechas* para mantener el ritmo? O podría enmarcarlo en términos de un tren que corre a través de las Grandes Llanuras: este tren circula a gran velocidad y, basándonos en esa velocidad (que en ese momento era el 40 % de crecimiento anual), tenemos que calcular cuántas vías de ferrocarril adicionales tenemos que construir delante del tren para evitar un descarrilamiento. Durante todo el año, cada líder de equipo se enfrentaba al desafío de cómo hacer crecer este equipo en esta cantidad, y cómo crear este espacio adicional. La iglesia a veces agregaba una hora de ministerio adicional en un lugar o comenzaba una hora de ministerio en otro lugar para agregar «vía férrea», y buscaban hacer crecer el compañerismo de los líderes y servidores en cada ministerio para asegurar que la infraestructura del ministerio estuviera lista para que el tren pasara sin descarrilarse.

En ministerios más complejos que el de la preparación de café, se requiere una tutoría seria si un equipo va a repetirse. Los nuevos líderes deben ser nutridos y se les debe permitir brillar. Cuando un equipo sigue teniendo el mismo líder ministerial de alto perfil año tras año, es la marca de una iglesia organizada contra la multiplicación del ministerio. Por lo tanto, hay que aplaudir a las personas que son mentores de otros y que (temporalmente) se quedan sin trabajo. Un gran libro que profundiza el arte de la tutoría en el entorno de la iglesia es *Hero Maker: Five Essential Practices for Leaders to Multiply Leaders,* de Dave Ferguson y Warren Bird. He utilizado este libro con decenas de líderes de iglesias que están tratando de pasar al modo de multiplicación.

Antes de que se adentre en este nuevo proyecto de comunidad de culto, le invito a que reúna a varias de las personas que están comprometidas con él y les pregunte:

- ¿Cómo vamos a ser una iglesia que dirija los campos de béisbol?
- ¿Y cómo nos organizaremos para construir suficientes kilómetros nuevos de vías férreas para que podamos llegar al lugar que Dios quiere que estemos para estas fechas el año que viene, sin descarrilar?

En última instancia, la multiplicidad es un reto de desarrollo de líderes. Requiere pensar con antelación en cuántos líderes necesitaremos cuando lleguemos a ciertos puntos. Y requiere una comprensión del liderazgo que tiene que ver más con el empoderamiento de los demás que con tratar de hacer todo el trabajo nosotros mismos.

31

DESARROLLAR LA SOSTENIBILIDAD FINANCIERA

Gary Shockley

El objetivo final al iniciar una nueva comunidad de culto no es simplemente hacerla despegar. Se trata de ponerla *en órbita* para que pueda seguir siendo una bendición para su ciudad o región durante años. Si la NASA solo se preocupara de poner suficiente combustible en un cohete para lanzarlo al aire sin sobrepasar los límites de la gravedad, habría un ruido sordo, seguido de una explosión totalmente destructiva al caer a la tierra. Su objetivo no es simplemente hacer despegar su nueva cosa, sino desarrollar suficientes sistemas para que sea viable y sostenible a largo plazo.

Para que una nueva comunidad de culto alcance y mantenga su órbita, usted y los líderes que le rodean deben compartir el sueño de Dios para lo nuevo e invitar a la gente a ejercer la generosidad para apoyarlo.

Y los líderes tienen que llegar primero. No puede pedir a nadie que haga lo que usted mismo no ha hecho. Como líder, piense en usted mismo como el termostato de su organización o comunidad religiosa. Sus valores y comportamientos aumentarán o disminuirán la temperatura de la administración a su alrededor. Por favor, tómese un momento para leer 1º de Crónicas 29. Estas últimas páginas de este libro le esperan después de que las leas.

Obsérvese el efecto dominó del apoyo a la construcción del Templo de Dios, empezando por David (el rey y líder principal), pasando por los líderes de las tribus de Israel, y luego por los generales y capitanes del ejército, hasta llegar a los funcionarios administrativos del rey. Nótese cómo, al observar la generosidad de todos estos líderes, el pueblo se alegró y dio libremente y de todo corazón al Señor; «y el rey David se llenó de gozo» 1º de crónicas 29 – 9 NTV.

¡Los líderes siempre, siempre, siempre van primero! Y cuando van primero, proporcionan dirección y oportunidad para que todos los demás encuentren su camino. Aquí hay once maneras en que los líderes efectivos hacen esto:

1. **Los líderes eficaces proyectan una visión clara y convincente que responde a la pregunta: «¿Por qué existimos?». Y repiten esta visión, a menudo y de tantas maneras como sea posible.** Recuerde que si usted no lo ve, tampoco lo verán las demás personas. Predíquelo, escríbalo, enséñelo, vívalo. El líder no tiene que ser necesariamente el que discierna la visión; la visión puede surgir de multitud de formas. Pero sí debe ser la que responsabilice a la comunidad de ella, celebrándola constantemente y recordándosela con alegría.

2. **Los líderes eficaces invitan a la gente a dar de buena gana y con alegría para apoyar la obra de Dios** (como se comparte en la visión) y *no* para apoyar el presupuesto o el mantenimiento de la iglesia. ¿Cree usted que este ministerio es una oportunidad de inversión extraordinaria? ¿Cree profundamente en el lugar al que Dios está llevando a su iglesia? Si no es así (en cualquiera de los dos casos), tiene un problema.

3. **Los líderes eficaces proporcionan herramientas que ayudarán a las personas a cuidar mejor de sus finanzas domésticas.** Permitir que los miembros aprendan de un recurso de planificación financiera ética puede ayudar a las personas a reducir su deuda, presupuestar sus finanzas y maximizar su generosidad para hacer

la obra de Dios. Las personas menores de 45 años se enfrentan a las presiones financieras derivadas de la lentitud del inicio de la carrera profesional, la dificultad del mercado laboral, el aumento de los costos de los servicios de salud y la elevada deuda de los préstamos estudiantiles. Se trata de un entorno muy diferente al que tuvieron que afrontar sus padres hace solo una generación. A estas personas les encantaría vivir su fe y su generosidad apoyando la obra de Dios en el mundo, pero para muchas de ellas será necesaria una seria planificación financiera personal para poder hacerlo.

4. **Los líderes eficaces hacen de la mayordomía un énfasis de todo el año, en lugar de un evento estacional.** Al planear los sermones semanales y los eventos de adoración, sea intencional sobre cómo se expresará el valor de la buena mayordomía. La gente espera que la mayordomía sea sólo algo de la temporada de otoño; ¡sorpréndalos! Si se estudian las iglesias más vitales de Estados Unidos que llegan a personas menores de 45 años, se observará que la campaña anual de compromiso ya no existe en muchos lugares. Sin embargo, estas iglesias promueven un alto compromiso y una visión de discipulado más «integral» que muchas congregaciones más antiguas.

5. **Los líderes eficaces piensan en las necesidades de las personas, no en las de la iglesia.** Esto se remonta a su teología personal sobre el dar. Si cree que dar es bueno para el dador y está en línea con la voluntad de Dios para nosotros, entonces puede hablar de los beneficios de dar como una respuesta a Dios y no solo a las necesidades de la iglesia. La mayordomía es un estilo de vida de fe, ante todo; por eso Jesús habló tanto de ella. En los Evangelios, Jesús nunca relaciona la relación de los creyentes y el dinero con la recaudación de fondos de la iglesia, ¡ni una sola vez!

6. **Los líderes eficaces acentúan los aspectos positivos compartiendo historias de transformación de la vida.** Como dice un viejo proverbio: «Dime los hechos y aprenderé. Dime la verdad, y creeré.

Pero cuéntame una historia, y vivirá en mi corazón para siempre». Los testimonios habituales en el servicio de culto (ya sea en directo o por vídeo) son oro. Puede compartirlos en su sitio web si los graba. Recordar a su gente la diferencia que su iglesia está haciendo vida a vida es una clara señal para ellos de que su iglesia vale su inversión (Recuerde: el hecho de que la gente se dé cuenta de la alegría de dar, no significa que la iglesia sea un lugar de encuentro, no significa que hayan decidido que su iglesia en particular es una sabia inversión).

7. **Los líderes eficaces cultivan las relaciones con los principales donantes.** La mayoría de las iglesias parecen estar bendecidas con unas pocas personas que tienen tanto una gran abundancia de bendiciones financieras *como* el don espiritual de dar. Conozca quiénes son y ayúdeles a ejercer sus dones. Esto les honra y les invita a una mayor alegría. Puede ser útil que el pastor o alguien del equipo de líderes principales se reúna anualmente con las familias que dan más de una determinada cantidad, simplemente para conocer su opinión sobre el ministerio y agradecerles su apoyo continuo. Los principales donantes no tienen por qué ser miembros de su iglesia, pero sí tienen interés en que la comunidad prospere. Su ministerio es, en parte, la respuesta a algo que ellos anhelan profundamente.

8. **Los líderes eficaces ofrecen tantas opciones como puedan para ayudar a la gente a dar. Considere la posibilidad de dar en línea, los quioscos de donaciones y el envío de mensajes de texto como alternativas al plato de la colecta.** En última instancia, lo que quiere es que los miembros de tu comunidad establezcan algún tipo de método de contribución regular y automatizada en línea, que se convierta en una base de ingresos fiable mes a mes.

9. **Los líderes eficaces son transparentes en sus informes financieros.** La gente da cuando confía en que sus líderes manejan bien las finanzas. No publique las estadísticas de donaciones de su iglesia en el boletín (se ha demostrado que esto es desmotivador,

especialmente para los recién llegados), sino que proporcione un enlace que la gente pueda seguir para encontrar un informe actualizado sobre las finanzas de la iglesia. A menudo, en las comunidades jóvenes hay problemas financieros. Abordar estos temas sin ansiedad es importante cuando los líderes se reúnen. La mayoría de la gente ya tiene suficientes preocupaciones financieras propias como para adoptar la iglesia como otra cosa de la que preocuparse.

10. **Los líderes eficaces agradecen a la gente a menudo y de diversas maneras.** El envío regular de declaraciones de donación a los hogares de las personas es útil; pero, como líder, considere la posibilidad de *escribir a mano* breves notas de gratitud a sus donantes. Algunas personas han descubierto el gran beneficio de escribir una nota a alguien que ha dado a la iglesia por primera vez. Este reconocimiento inesperado contribuye en gran medida a cultivar la generosidad. Para los que tienen problemas de caligrafía, hay que ir más despacio y escribir despacio; el toque personal de una nota escrita a mano es poderoso. Cuando nuestra caligrafía es deficiente, se añade una cierta vulnerabilidad a nuestra personalidad de líder. Confía en Dios y envía la nota.

11. **Los líderes eficaces son realistas.** Están preparados para modificar sus expectativas sobre cómo una comunidad de culto podría apoyar a un pastor a tiempo completo o pagar un costoso inmueble. Cree un plan de negocios que incluya un componente fuerte de desarrollo de la mayordomía como la principal fuente de financiamiento, pero no la *única*.

Por último, a la hora de promover la generosidad en su iglesia, resístase a un enfoque único. Comprenda las diferencias generacionales que existen en su entorno y trabaje para encontrar formas contextualmente apropiadas de comunicar su visión e invitar al apoyo. Comunicar a una persona de 90 años y a una de 19 de la misma manera no tiene sentido. Haga el trabajo necesario para que su mensaje sea efectivo.

32

VAYAN, RECUERDEN, ¡Y SEAN BENDECIDOS!

Craig Gilbert

Laurie Wenger era natural de South Bend, Indiana. Estudió arte comercial en el instituto y finalmente consiguió un trabajo pintando carteles para el Athletic and Convocation Center de la Universidad de Notre Dame. Aunque era ciega de un ojo, pintó todo tipo de carteles mientras estuvo allí. Incluso pintó balones de fútbol, uno de los cuales se encuentra en la Biblioteca Presidencial Ronald Reagan.

En noviembre de 1985, le pidieron a Laurie que pintara un cartel especial para el entonces nuevo entrenador de fútbol americano, Lou Holtz. Holtz había descubierto una foto de un cartel en el vestuario en un viejo libro que había encontrado. El cartel había desaparecido. Nadie recordaba quién había quitado el cartel. Nadie recordaba realmente que el cartel hubiera estado allí. De hecho, nadie está seguro de qué libro estaba mirando Holtz cuando vio la foto. Pero el entrenador Holtz quería el cartel para su vestuario. Laurie recibió el encargo. Ella aserró un trozo de madera contrachapada; lo imprimó y pintó cuidadosamente con un fondo dorado; y luego, en azul, pintó a mano en su propio estilo personal las palabras que le había dado el entrenador: *«Juega hoy como un campeón»*.

La intención de Lou Holtz era recordar a sus jugadores, cada vez que salían del vestuario, que representaban un legado de campeones y que su juego debía reflejar esa herencia. Se pedía a cada jugador que tocara ese cartel al salir corriendo del vestuario, para cimentar ese recuerdo. Casi de la noche a la mañana, el cartel se convirtió en una tradición, y la tradición se convirtió en una historia más en la leyenda que es el fútbol de Notre Dame.

¿Y Laurie Wenger? Bueno, ella pasó a pintar personalmente a mano más de 600 de esas señales. Su letra personal, hecha a mano, se convirtió incluso en una fuente propia, registrada como «Laurie». Ahora está consagrada como parte de la tradición de Notre Dame. Su obra es un recordatorio para todos los aficionados y exalumnos de la Universidad de Notre Dame de que ser de Notre Dame es estar asociado a los campeones[1].

Uno de los elementos más comunes que se comparten en cualquier servicio de culto –sin importar el estilo, la denominación, etc.– ocurre al final del servicio. En los entornos más tradicionales, el culto termina con una bendición; en los entornos más modernos, puede ser simplemente algún tipo de anuncio. Pero creo que, en el mejor de los casos, el final de cualquier culto debería ser un recordatorio de quiénes somos, qué hacemos y a quién seguimos. Este recordatorio refleja la forma en que termina la historia de Jesús en el Evangelio de Mateo. Es allí donde Jesús da lo que llamamos la Gran Comisión. Es un mandato de ir, hacer discípulos, bautizar y enseñar. Pero lo más significativo es la promesa que acompaña a la frase final: «Yo estaré con ustedes todos los días, hasta el fin del mundo» (28:20). Lo que Jesús dice aquí a sus discípulos es que, pase lo que pase... acuérdense de mí, siempre, y sean bendecidos.

Una bendición es tanto una bendición como un recordatorio de quiénes somos. Es una última palabra para el pueblo de Dios de que ser un seguidor de Cristo es algo más que ir a la iglesia. Somos lo que somos y hacemos lo que hacemos por lo *que somos*. Aunque la intención del cartel del vestuario de la Universidad de Notre Dame era recordar a los jugadores del equipo de fútbol que representan la historia de su universidad para inspirar la grandeza, una bendición cristiana es aún mayor. Es un último recordatorio de que Cristo nos envía al mundo, conectados *al por qué*. Así que ahora, al igual que terminaríamos un servicio de adoración, quiero terminar este libro con una bendición.

«Por tanto, id y haced discípulos a todas las naciones».

De estas palabras, recuerda dos cosas. En primer lugar, nunca pierdas de vista el hecho de que debes salir antes de esperar que alguien entre. Los días en los que simplemente se abrían las puertas de la iglesia y se esperaba que la gente entrara ya han pasado. Como enseñó Jesús en la parábola del gran banquete, Dios envía a sus siervos a buscar e invitar a la gente a la fiesta de Dios (ver Lucas 14:15-24). Usted y sus amigos deben salir primero a invitar a otras personas a venir y encontrarse con Dios en la adoración.

En segundo lugar, recuerde que construye un servicio para gente nueva. Esto es para que la misión y el ministerio de su iglesia puedan reflejar mejor el llamado a hacer discípulos *de todas las naciones*. Será fácil volver a los viejos hábitos y formas de culto que nos resultan familiares. Coloque los rostros de las personas nuevas frente para recordarle que va a invitar a todo un grupo nuevo de personas a adorar a Dios con usted.

«Bautícenlas en el nombre del Padre,
del Hijo y del Espíritu Santo».

No basta con traer a gente nueva y pensar que ha cumplido su llamado. Al adorar con las personas nuevas, así como las invitó a la fiesta, también debe invitarlas a ser creyentes. ¡Vaya por ello! No se quede sin invitarles a lo mejor que puede ofrecer. Adore junto a ellas. Comparta con ellas lo que Dios ha hecho por usted. Escuche profundamente sus historias y sus corazones, para que pueda compartir las buenas noticias de una manera que supere el cristianismo de caricatura que puede haberlas mantenido a distancia. Ayúdeles a encontrar y abrazar a Dios por sí mismas y a convertirse en seguidoras de Cristo.

«Y enséñenles a obedecer todo lo que
les he mandado a ustedes».

Hay muchos capítulos de este libro dedicados a hacer discípulos mediante la construcción de la comunidad a través de la oración, la hospitalidad, el ministerio de los niños y más. El peregrinaje no termina con el bautismo. No termina con la identificación de otro miembro con Cristo o con su iglesia. Continúa hasta que todos viven realmente las buenas noticias de Jesús en sus vidas.

«Por mi parte, yo estaré con ustedes todos
los días, hasta el fin del mundo».

Esta es la mejor parte: no estás haciendo esto por tu cuenta. Cuando sale a buscar nuevas personas, Jesús va delante de usted, preparando el camino. Cuando se encuentre y hable con personas nuevas, Jesús está presente en y alrededor de cada palabra que dice y alrededor de las palabras que ellas dicen. Cuando vienen a su nueva reunión de adoración, Jesús está esperando para darles la bienvenida. Cuando adora a Dios junto a ellas, Jesús está allí, recibiendo y bendiciendo sus alabanzas. Cuando se bautizan, Jesús está de pie como testigo de su fe. Cuando se reúne con las personas nuevas de su congregación para estudiar y aprender de las Escrituras, Jesús está ahí, abriendo los corazones y las mentes para recibir lo que Dios está proporcionándoles. Y cuando todo esté dicho y hecho, cuando haya terminado este recorrido y continúe con el siguiente, Jesús está esperando para recibirlo y decirle: «Muy bien, eres un empleado bueno y fiel; ya que fuiste fiel en lo poco, te pondré a cargo de mucho más. Entra y alégrate conmigo» (Mateo 25:23, DHH).

Me encantaría decirle que se relaje, vaya y se divierta mientras emprende esta increíble aventura. Paul Nixon, mi coautor, encuentra la manera de divertirse con casi todo lo que hace. Oro para que esta sea una experiencia divertida y placentera; ¡realmente lo hago! Pero la diversión suele ser efímera y rara vez permanente.

Lo que perdura es la *alegría* y la satisfacción que te da saber que estás siguiendo el llamado de Dios. Es la paz que le da la promesa de que Jesús está siempre a su lado Estas son las razones que lo llevarán a través de los éxitos –y las dificultades– que están por venir.

Habrá momentos difíciles en el camino. Y en esos momentos, no sentirá la diversión. Solo su fidelidad al llamado de Dios y su confianza decidida en el amor que Jesús le tiene lo mantendrán en el camino cuando todo parezca complicado.

A lo largo de este libro, hemos compartido con ustedes nuestras ideas, nuestras experiencias, nuestros conocimientos y nuestros éxitos. Pero, aclaro: la mayor parte de estas experiencias se han obtenido también a través de muchos fracasos. Hemos compartido todos estos conocimientos tratando de inspirar, guiar y, sí, *entusiasmarles* mientras crean una nueva comunidad de culto.

Así que vayan, y recuerden quién los ha llamado a este trabajo. Recuerden quién los precede. Recuerden por qué lo siguen. Recuerden lo que se les ha dado para que puedan darlo a las demás personas. Recuerden dónde está tu fe.

Recuerden ese servicio de adoración en su pasado, en el que decidieron ser realistas con su fe. Recuerden quién está a su lado cuando parece que todo y todos los demás los han abandonado. Recuerden a quién se debe toda la gloria cuando tienen éxito. Acuérdense, cuando lleguen al final del camino y comprendan que Cristo ha estado frente a ustedes, con ustedes y detrás de ustedes todo el tiempo. Recuerden...

Y que sean bendecidos.

SOBRE LOS AUTORES Y COLABORADORES

Paul Nixon es director general del Grupo Epicenter y director de Multiplicación de Iglesias para los Ministerios de Discipulado de la Iglesia Metodista Unida. Epicenter existe para entrenar y equipar a líderes espirituales transformacionales para el siglo XXI. El trabajo de Epicenter se centra actualmente en los Estados Unidos y el Reino Unido. Paul ha escrito otros 10 libros anteriores. Vive tanto en la costa este como en la costa oeste de Norteamérica –en Washington, DC, y en el sur de California–, cada una de las cuales es decididamente un reto para el desarrollo de la iglesia del siglo XXI.

Craig Gilbert es un consultor de adoración y fundador de Purposed Heart Ministries. Desde el comienzo del ministerio de Craig en una pequeña congregación hasta su servicio en una iglesia con ocho comunidades de adoración distintivas que involucran a más de 2,000 adoradores, Craig ha planificado y presentado la adoración en una amplia variedad de estilos a nivel de «cada domingo», así como el diseño y la dirección de la adoración en grandes entornos de conferencias para miles de personas. En cada iglesia en la que Craig ha servido, ha ayudado a lanzar un nuevo servicio de adoración. Cada vez, los servicios fueron bien recibidos desde el principio y crecieron rápidamente. Craig sigue asesorando cada día a muchas congregaciones sobre cómo fortalecer sus equipos y sistemas para alimentar grandes comunidades de culto, incluyendo el inicio de nuevos servicios.

Entre los amigos del Grupo Epicentro que han contribuido con capítulos a este libro se encuentran los siguientes:

- **Bener Agtarap** es pastor, plantador de iglesias y multiplicador del movimiento de hacer discípulos. Su recorrido ministerial comenzó como plantador de iglesias en Filipinas. Sirve como director ejecutivo de Compromiso con la Comunidad y Church Planting/Path 1 y como director de Movilización Conectada en los Ministerios de Discipulado de la Iglesia Metodista Unida. Bener es coautor con Curtis Brown de *Ready, Set, Plant: The Why and How of Starting New Churches* (*Preparados, listos, a plantar: El porqué y el cómo de la creación de nuevas iglesias*) y es coeditor, junto con Doug Ruffle y Emily Reece, del programa de formación *Lay Planting in Today's World: Engaging All People with Jesus' Love* (*La plantación de laicos en el mundo de hoy: Comprometiendo a todas las personas con el amor de Jesús*).

- **Beth Ann Estock** es una Integral Master Coach™ que ayuda a los líderes a desarrollar las capacidades necesarias para el ministerio en el siglo XXI. Beth es autora de *Discernimiento* (2019) y coautora con Paul Nixon de *Iglesia extraña* (2016). Beth vive en Portland, Oregón.

- **Derek Jacobs** es el pastor fundador de la Iglesia Metodista Unida The Village, en DeSoto, Texas, un suburbio de Dallas con mayoría de población afroamericana. La Village Church se estaba preparando para mudarse a su primera instalación y lanzar el ministerio allí cuando la pandemia mundial de COVID-19 la golpeó, obligándoles a «subir su juego» digitalmente.

- **Candace Lewis** es la presidenta-decana del Seminario Teológico Gammon en Atlanta, Georgia. Anteriormente, Candace sirvió como plantadora de iglesias en Florida y como directora para la plantación de Iglesias Metodistas Unidas.

- **Dan Pezet** es superintendente de distrito del Distrito Metropolitano de Charlotte de la Conferencia Anual de Carolina del Norte Occidental de la Iglesia Metodista Unida. Antes de asistir al seminario, Dan sirvió junto a Paul Nixon en el equipo de lanzamiento de una nueva comunidad religiosa en Florida.

- **Gary Shockley** es director de Equipamiento de Congregaciones Vitales de la Conferencia Anual de Susquehanna de la Iglesia Metodista Unida. Gary ha servido como plantador de iglesias, pasador de iglesias grandes, director nacional de plantación de iglesias y entrenador de desarrollo de mayordomía centrado en la recaudación de fondos.

- **Kay Kotan** es la fundadora de You Unlimited e Impressions Unlimited. Autora y coautora de más de una docena de libros sobre el liderazgo y la transformación de la iglesia, Kay ha entrenado a cientos de iglesias y líderes en todo Estados Unidos. Su último proyecto es liderar The Greatest Expedition, una iniciativa de revitalización de la iglesia en la que participa un amplio elenco de expertos y líderes de opinión. Kay vive en el área de Kansas City.

- **Kim Griffith** es directora ejecutiva de Griffith Coaching y fundadora de Looking Glass. Ex plantadora de iglesias, Kim se especializa en coaching, desarrollo de equipos y talleres que equipan a los líderes para el éxito. Kim vive en el centro de Florida.

- **Kim Shockley** es coordinadora de Caminos de Liderazgo Espiritual de la Conferencia Anual de Susquehanna, de la Iglesia Metodista Unida. Es coautora con Paul Nixon de *The Surprise Factor: Gospel Strategies for Changing the Game at Your Church* .

- **Kris Sledge** es el pastor fundador de The Journey en Harrisburg, Pensilvania, una nueva iglesia multiétnica en una ciudad con una historia de persistente segregación racial.

- **Matt Temple** es director asociado de New Starts para la Conferencia Anual del Norte de Texas de la Iglesia Metodista Unida y copastor de la Iglesia Newstory en Chicago. Newstory es una iglesia no confesional, multicultural, multiracial y multiétnica de Chicago.

- **Rachel Gilmore** es una plantadora de iglesias que trabaja en asociación con la Iglesia Metodista Unida Central en Phoenix, Arizona. Anteriormente, sirvió como pastora fundadora de The Gathering en Virginia Beach y como Directora de Reclutamiento, evaluación y Capacitación para Plantadores de Iglesias en Discipleship Ministries.

- **Sandy Gutting** es asistente administrativa para el Desarrollo Congregacional de la Conferencia Anual de Alabama-West Florida de la Iglesia Metodista Unida. Entre las pasiones de Sandy están la gran hospitalidad en la iglesia y sus hermosos nietos.

- **Tyler Sit** es el pastor y plantador de iglesias de New City Church, en Minneapolis, Minnesota. También es autor de *Staying Awake: The Gospel for Changemakers*, una exploración del cristianismo centrada en las personas de color LGBTQ.

NOTAS

Orientación

1. La iglesia de Gulf Breeze, en el noroeste de Florida, pasó de 1.000 a 2.200 asistentes semanales al culto entre 1993 y 2002, debido en gran parte al relanzamiento de una de sus comunidades de culto y a la adición de otras tres comunidades de culto en este período. Durante esta temporada notable, 1.300 personas se unieron a la iglesia mediante la profesión de su fe en Cristo.

2. Charles Arn, *Cómo iniciar un nuevo servicio: Your Church Can Reach New People* (Grand Rapids, MI: Baker Books, 1997).

3. Me desempeñé como director de desarrollo Congregacional de la Conferencia Anual de Alabama y Florida Occidental de la Iglesia Metodista Unida, de 2002 a 2007. Los años de crecimiento neto para esa judicatura fueron 2003-2007.

4. La asistencia al culto en línea se suele medir en términos de participación en línea de 30 minutos o más.

5. Se trata del equipo Path 1 de los Ministerios de Discipulado de la Iglesia Metodista Unida (www.path1.org) y del Grupo Epicentro (www.epicenter group.org).

6. Si el título de un capítulo aparece en **negrita** en el índice, consideramos que es una lectura importante para todo el equipo de lanzamiento. Hay 12 capítulos en este libro que recomendamos que todos lean.

Capítulo 1

1. Elaine Heath, *Dios sin ataduras: Wisdom from Galatians for the Anxious Church* (Nashville, TN: Upper Room Books, 2016), 76.

Capítulo 2

1. Esta situación fue en su día la principal razón por la que las iglesias existentes iniciaron nuevas reuniones de culto. Hoy en día, es algo raro.

2. Para quizás la mitad de las iglesias que deciden iniciar un nuevo servicio de culto diseñado para sus vecinos, esta decisión significa que la iglesia puede seguir abierta para el ministerio dentro de diez años, en lugar de cerrar dentro de la década.

3. Esto significa que los alimentos son frescos, de la granja a la mesa, y las comidas se preparan completamente en el lugar. La cena de la iglesia no suele funcionar con una lasaña congelada de una gran tienda o una pizza para llevar.

4. Dirijo una iglesia en Birmingham, Reino Unido, llamada Jazz Church. La música de jazz es el núcleo de su identidad y es un motor para casi todos los que deciden entrar y probar nuestra iglesia.

Capítulo 3

1. Para un resumen de la teoría de la Dinámica Espiral en relación con el ministerio cristiano, véase *Weird Church: Welcome to the Twenty-first Century* de Beth Ann Estock y Paul Nixon (Cleveland, OH: The Pilgrim Press, 2016). Obsérvese especialmente el prólogo, pp. v-xvi.

2. Para más información sobre estas cuatro áreas, véase *Multiply Your Impact: Making the Leap from Church Maintenance to Gospel Movement* de Paul Nixon y Christie Latona (Fun & Done Press, 2013).

3. A veces, un líder adulto joven o un miembro del equipo que ha permanecido conectado a la iglesia (incluso cuando la mayoría de sus compañeros se han ido) resultará ser extremadamente rígido y se aferrará a las viejas costumbres, perjudicando la alineación misional de la iglesia. Y, a veces, un miembro del equipo de más edad defenderá firmemente la innovación

y la ruptura de los viejos paradigmas. Entonces, no se deje engañar por la edad.

4. Margaret Brunson es directora general de Illumined Leadership Solutions y entrenadora de liderazgo de la Conferencia Anual de Carolina del Norte de la Iglesia Metodista Unida.

Capítulo 4

1. El capítulo 14, «Escoger los equipos de liderazgo», le ayudará a elaborar esta lista.

2. Las tres sencillas reglas de John Wesley son (1) No hacer daño, (2) Hacer el bien y (3) Permanece enamorado de Dios. Para más información, véase *Three Simple Rules: A Wesleyan Way of Living* por Reuben P. Job (Nashville, TN: Abingdon Press, 2007).

Capítulo 5

1. Lewis Carroll, Las *aventuras de Alicia en el país de las maravillas*, Proyecto Gutenberg, https://www.gutenberg.org/files/11/11-h/11-h.htm.

2. Nextdoor es una popular aplicación que ayuda a las personas a conectarse con sus vecinos geográficos.

3. MissionInsite es una herramienta demográfica que ayuda a los responsables de los ministerios estadounidenses a descubrir lo que el Big Data puede enseñarles sobre sus vecinos. Se basa en datos del censo, informes de crédito y encuestas nacionales. www.missioninsite.com.

4. Gloo es una herramienta de análisis de mercado utilizada tanto por empresas seculares como por iglesias. www.gloo.us.

5. Para explorar más a fondo, vea el libro más reciente de Paul Nixon, *Cultural Competency: Partnering with Your Neighbors in Your Ministry Expedition* (Knoxville, TN: Market Square Publishing, 2021).

Capítulo 6

1. Para más detalles sobre los eventos puente, véase Kay Kotan, *Gear Up!: Nine Essential Processes for the Optimized Church (Nashville*, TN:

Abingdon Press, 2017) y Bob Farr, Doug Anderson y Kay Kotan, *Get Their Name: Grow Your Church by Building New Relationships (Nashville, TN: Abingdon Press, 2013).*

Capítulo 7

1. Junius Dotson, *Reinicio del alma: Crisis, avance y viaje a la plenitud* (Nashville, TN: Upper Room Books, 2019), 53.

Capítulo 9

1. Nett o NETT son las siglas de Nations Experiencing Transformation Together.

Capítulo 10

1. «Opinión de los expertos», *The Journey*, http://thejourneyharrisburg.org/index. php/expert-opinion/

Capítulo 11

1. Jenna Goudreau, «So Begins a Quiet Revolution of the 50 Percent», *Forbes*, enero 30, 2012, https://www.forbes.com/sites/jennagoudreau /2012/01/30/quiet-revolution-of-the-50-percent-introverts-susan-cain/?sh =1f0fb25d93fb.
2. Crowdcast (https://www.crowdcast.io) es una plataforma que permite que varias personas estén en directo en la pantalla al mismo tiempo, pero los asistentes están representados por avatares, por lo que pueden responder a encuestas, chatear y hacer preguntas sin ser visibles en la pantalla. También permite que la gente se registre por adelantado y le ayuda a conservar la información sobre los asistentes. Una característica adicional de la plataforma que resulta atractiva para las comunidades religiosas es que transmite automáticamente el seminario en directo a varias plataformas de medios sociales al mismo tiempo. Una plataforma similar es StreamYard (https://streamyard.com).

Capítulo 12

1. J. D. Payne, *Pressure Points: Twelve Global Issues Shaping the Face of the Church* (Nashville, TN: Thomas Nelson Publishers, 2013), 164.

Capítulo 13

1. Muchos tipos de sillas de plástico son más que adecuadas para 60 o 90 minutos de asiento, incluso con un público más bien selecto.
2. Lisa Cannon Green, «New Churches Draw Those Who Previously Didn't Attend», *Lifeway Research*, diciembre 8, 2015, https://research .lifeway.com/2015/12/08/new-churches-draw-those-who-previously -didnt-attend/.
3. Mantener contento al custodio asignado a su grupo es una prioridad ministerial válida en sí misma.

Capítulo 14

1. Puede tratarse de un equipo realmente grande, que podría dividirse en al menos tres equipos más pequeños para muchas comunidades de culto (un equipo de diseño, un equipo en el escenario y un equipo técnico/externo).
2. La «regla del 80-20» es un fenómeno bien documentado que aparece en casi todas las categorías importantes de la interacción humana. No se trata de una ley matemática firme, sino de una característica observada que se aplica a la mayoría de las actividades ministeriales, incluidas las donaciones y la divulgación.

Capítulo 15

1. La Biblia no enseña que «el dinero es la raíz de todos los males». El versículo real dice: «El amor al dinero es raíz de todo mal» (1 Tim. 6:10).
2. David Steindl-Rast y Sharon Lebell, *Music of Silence: A Sacred Journey through the Hours of the Day* (Berkeley, CA: Ulysses Press, 1998), 25-26.

Capítulo 16

1. Incluso si el pastor no utiliza un púlpito o podio, es bueno tener uno para cuando otros puedan hablar y se sientan más cómodos con una superficie en la que colocar sus notas.

Capítulo 18

1. William H. Frey, «The US will become 'minority white' in Census2045, projects», *Brookings*, 14 de marzo de 2018, https://www.brookings.edu/blog/ the-avenue/2018/03/14/the-us-will- become-minority-white-in-2045-cen sus-projects/. Según este artículo, el censo de 2020 documentó que la disminución neta de la población blanca, se había establecido en realidad unos cinco años más rápido de lo que Brookings anticipó. Así que 2045 ahora sería una estimación conservadora.

2. El Inventario de Desarrollo Intercultural es una de las principales herramientas de evaluación de las competencias interculturales en individuos y equipos. La competencia intercultural es definida por el IDI como «la capacidad de cambiar la perspectiva cultural y adaptar adecuadamente el comportamiento a las diferencias y desigualdades culturales». www.idiinventory.com.

3. New City Church se ha beneficiado enormemente de la lectura de *My Grandmother's Hands: Racialized Trauma and the Pathway to Mending Our Hearts and Bodies* de Resmaa Menakem (Las Vegas: Central Recovery Press, 2017) y muchos otros.

Capítulo 20

1. El término *visionado de vídeo* se refiere al número de veces que un ordenador ha sintonizado una experiencia de culto grabada en línea en un periodo de tiempo determinado. No especifica el número de personas, ni necesariamente el número de visualizaciones repetidas o la cantidad de tiempo por visualización. El término *«engagement» es* más general y se refiere a cualquier tipo de interacción en línea.

Capítulo 22

1. *La escuadra* es una condición en la construcción en la que dos objetos se encuentran en ángulos rectos perfectos entre sí. La alineación perfecta de los dos ángulos rectos es lo que crea la base de la regularidad y la fuerza para que un edificio se sostenga por sí mismo.

2. Si quieres profundizar en este concepto, te recomiendo que leas *Worship in the Shape of Scripture* de F. Russell Mitman (Cleveland, OH: The Pilgrim Press, 2009). Él describe claramente la adoración como una historia o conversación basada en una variedad de ejemplos bíblicos.

Capítulo 26

1. «What Millennials Want When They Visit Church», Barna, 4 de marzo de 2015, https://www.barna.com/research/what-millennials-want-when-they-visit-church/.

Capítulo 27

1. Los premios Charles Denman se conceden por la excelencia en la evangelización.

2. Joy Thornburg Melton, *Santuarios Seguros: Reduciendo el riesgo de abuso de niños y jóvenes en la iglesia* (Nashville, TN: Discipleship Resources, 2017).

Capítulo 28

1. Por «visión común», queremos decir que todos los líderes se reúnen en torno a ciertas características comunes de la visión, no que cada líder vea todo exactamente igual. Simplemente hay denominadores comunes. Por ejemplo, si voy a servir como líder dentro de una iglesia, tengo que ser capaz de respaldar los denominadores comunes de la visión de esa iglesia. Si tengo serios problemas con partes de la visión común, entonces necesito buscar otro equipo ministerial.

2. *Estar de acuerdo* no significa que todos deban estar igualmente entusiasmados con cada práctica, sino que se respeta el entendimiento de que «bajo este paraguas organizativo, así es como hacemos las cosas». Un

ejemplo de esto podría ser el requisito de que ciertas personas estén presentes cada vez que se celebre un sacramento. Puede haber espacio para el debate sobre si la presencia de estas personas es realmente necesaria a los ojos de Dios, pero a efectos de alineación organizativa, hay un protocolo acordado.

3. Paul Nixon, *Multi: The Chemistry of Church Diversity* (Cleveland, OH: The Pilgrim Press, 2019), 78.

4. Esta es una buena regla para los pastores que predican o enseñan en general. En las iglesias vitales con un ADN muy distintivo que las distingue de otras congregaciones, se debe tener mucho cuidado al entrevistar a los posibles líderes centrándose primero en la visión distintiva de la iglesia.

5. Cuando existe una gran confianza entre los pastores, algunas iglesias pueden permitir diferentes temas de adoración entre los servicios y tratar de construir una fuerte alineación de otras maneras. Dadas las historias de horror que abundan en torno a la mala alineación, es necesario extremar la precaución cuando las iglesias deciden diversificar los temas y la predicación de un servicio a otro.

6. Este pastor es Travis Waldrop, que es pastor del campus de Tea, Dakota del Sur, de la Iglesia Embrace. Adam Weber es el pastor principal de Embrace y predica la mayoría de los domingos del año. Embrace tiene un predicador para todos los servicios de cada semana, utilizando el vídeo para la mayoría de los lugares.

Capítulo 29

1. Para más información sobre Fresh Expressions, visite https://freshexpressions.com

Capítulo 30

1. Fue el mismo obispo –emérito Nacpil (retirado en 2011 cuando lo entrevisté)– al que Bener Agtarap se refirió en el capítulo 7.

Capítulo 32

1. Parafraseado del artículo «Laurie Wenger: 'Play Like a Champion Today'-A Simple Phrase Became Big Business» de John Walters, University of Notre Dame Strong of Heart: Profiles of Notre Dame Athletics, 2010, https://strongofheart.nd.edu/profiles/laurie-wenger-2010.